**Kauderwelsch
Band 42**

Impressum

Hermann Kayser
Französisch Slang – Wort für Wort
erschienen im REISE KNOW-HOW Verlag Peter Rump GmbH
Osnabrücker Str. 79, D-33649 Bielefeld
info@reise-know-how.de

© REISE KNOW-HOW Verlag Peter Rump GmbH
12. neu bearbeitete und verbesserte Auflage 2019
Konzeption, Gliederung, Layout und Umschlagklappen
wurden speziell für die Reihe „Kauderwelsch" entwickelt
und sind urheberrechtlich geschützt.
Alle Rechte vorbehalten.

Bearbeitung	Michael Blümke
Layout	Kerstin Belz
Überarbeitung	Manuel Wiederhold
Layout-Konzept	Günter Pawlak, FaktorZwo! Bielefeld
Cover-Illustration	Patrick Haase
Fotos	Peter Rump, Gabriele Kalmbach, Karin Schewe, Fotolia.com
Gesamtherstellung	Himmer GmbH Druckerei & Verlag, Augsburg

ISBN: 978-3-8317-6409-9

Printed in Germany

Wer im Buchhandel kein Glück hat, bekommt unsere Bücher auch direkt über unseren Internet-Shop:

www.reise-know-how.de

Die Internetseiten mit Aussprachebeispielen und der Zugriff auf diese über QR-Codes sind eine freiwillige, kostenlose Zusatzleistung des Verlages. Der Verlag behält sich vor, die Bereitstellung des Angebotes und die Möglichkeit der Nutzung zeitlich und inhaltlich zu beschränken. Der Verlag übernimmt keine Garantie für das Funktionieren der Seiten und keine Haftung für Schäden, die aus dem Gebrauch der Seiten resultieren. Es besteht ferner kein Anspruch auf eine unbefristete Bereitstellung der Seiten.

Der Verlag möchte die **Reihe Kauderwelsch** weiter ausbauen und **sucht Autoren!** Mehr Informationen finden Sie unter
www.reise-know-how.de/verlag/mitarbeit

Kauderwelsch

Hermann Kayser

Französisch Slang
das andere Französisch

C'est le feu!
Saugeil, Hammer!

Das Kauderwelsch-Prinzip

Kauderwelsch „Slang" heißt:

- Schnell mit dem **Sprechen** beginnen, auch wenn nicht immer alles korrekt ist.
- das Kauderwelsch der alteingesessenen Bewohner vor Ort mit all seinen fremdartig und zuweilen lustig klingenden Lauten und Ausdrücken wirklich verstehen, und sich in die **Lebensart, das Lebensgefühl, die Lebensphilosophie der Menschen** vor Ort einzufühlen. Denn „Slang" ist nie nur eine andere Art zu sprechen, sondern Ausdruck einer anderen Art zu denken, fühlen, genießen, leben und zu lieben.
- Es geht um die **Alltagssprache,** also das, was man tatsächlich auf der Straße hört.
- Die **Autorinnen und Autoren** werden Sie immer wieder zum schmunzeln bringen und auf unterhaltsame Weise die Mentalität und das Lebensgefühl des jeweiligen Sprachraums vermitteln.

Kauderwelsch-Slangführer sind keine Lehrbücher, aber viel mehr als traditionelle Reisesprachführer. Es erwarten Sie sprachliche Leckerbissen, gespickt mit **umgangssprachlichen Floskeln, Redewendungen und lockeren Sprüchen,** die den Mutterwitz der Bewohner charakterisieren.

Talk to each other!

Kauderwelsch und noch viel mehr

www.reise-know-how.de

- **Immer** und **überall** bequem in unserem Shop einkaufen
- Mit **Smartphone, Tablet** und **Computer** die passenden Reisebücher und Landkarten finden
- **Downloads** von Büchern, Landkarten und Audioprodukten
- Alle **Verlagsprodukte** und **Erscheinungstermine** auf einen Klick
- **Online** vorab in den Büchern **blättern**
- Kostenlos **Informationen, Updates** und **Downloads** zu weltweiten Reisezielen abrufen
- **Newsletter** anschauen und abonnieren
- Ausführliche **Länderinformationen** zu fast allen Reisezielen

Inhalt

Einführung

9 Vorwort
11 Was ist französische Umgangssprache?
14 Hinweise zur Benutzung

Im Gespräch

17 Le franglais –
   ... noch mehr zur Umgangssprache
22 Faire des bornes –
   Unterwegs in Frankreich
28 Faire la bringue –
   Nachts in der großen Stadt
35 Pipi – caca –
   Toilette & Co.
37 Aller au resto –
   Essen
42 Le fric – les sous –
   Geld
46 Leute, die man trifft –
   Nette Leute, komische Leute, ...
52 Le zapping –
   Die Medien

Inhalt

- 56 Boulot et dodo – Arbeiten & ausruhen
- 60 Salut la zone – Begrüßung
- 63 Ils sont cool, les ados! – Die Jugend von heute!
- 76 Die Sprache, die aus dem Bauch kommt – ... und manchmal unter die Gürtellinie geht
- 89 Une vraie bête – Starker Typ, tolle Frau
- 92 Ça va barder! – Streit & Anmache
- 97 Il est niais – Beleidigungen & Schimpfwörter
- 102 Faire un mimi – Zwischengeschlechtliches

Anhang

- 116 Literaturempfehlungen
- 118 Wortregister
- 128 Der Autor

Vorwort

So wie der „American-Slang"-Band der Kauderwelsch-Reihe in den amerikanischen Slang einführt, so soll dieser Band einen kleinen Überblick über die französische Umgangssprache geben. Er richtet sich an Frankreich-Reisende, die zwar über ein Minimum an französischen Sprachkenntnissen verfügen, aber nicht regelmäßig Kontakt mit dem französischen Alltag haben. Oder an die, die sich nicht so lange in Frankreich aufgehalten haben, dass sie in den Code des Umgangsfranzösisch eingeweiht sind.

Wenn man sich nämlich als harmloser Reisender (oder als Neuzugereister) auf französischen Boden begibt, merkt man schnell, dass es eine Vielzahl von Situationen gibt, in denen man mit dem mühsam erlernten und meist schon wieder vergessenen Schulfranzösisch nicht mehr folgen kann: wenn man Gesprächen beim épicier *(Lebensmittelhändler)* oder im bistro an der Ecke lauscht, sich mit einem sehr erregten Unfallgegner oder Fußballclubanhänger auseinandersetzen muss, wenn man ein Exemplar der Zeitschrift Charlie Hebdo, des Canard Enchaîné oder des Écho des Savannes in die Hände bekommt oder auch einem Live-Interview im Fernsehen oder am Radio folgen will. Es geht uns hier also um das gesprochene Alltagsfranzösisch, auf das man auch in schriftlicher Form trifft.

Vorwort

Wer übrigens bisher vergeblich versucht hat, das Zitat aus der Werbung am Anfang des Buches zu übersetzen, dem sei hier die ziemlich wörtliche Übersetzung geliefert: „Neulich gab's da einen von diesen komischen Typen, der zu mir reinkam. Seine Mühle war kaputt, und er wollte Kohle."

© Gabriele Kalmbach

allez viens prendre un café! Komm, lass uns einen Kaffee trinken!

Was ist französische Umgangssprache?

Was französische Umgangssprache eigentlich ist, ist schwer zu sagen, und die Wissenschaftler streiten sich natürlich darüber. Da gibt es das français argotique (in seinen verschiedenen Spielarten, die nach Region, Stadt, sozialer Gruppe, Stadtviertel usw. variieren), das français familier, das français parlé, das français branché usw. Einige Ausdrücke (mit den Anmerkungen *arg.* oder *fam.* versehen) findet man auch in manchen Wörterbüchern. Aber diese sind dann schon von der Académie Française, die allmächtig darüber entscheidet, was gutes und was schlechtes Französisch ist, in das offizielle Französisch aufgenommen worden.

In diesem Band verstehen wir unter Umgangsfranzösisch eine Sprachebene, die jeder Franzose versteht, auch wenn er sie nicht selbst gebraucht; eine Ebene, die die meisten Menschen im alltäglichen Umgang miteinander benutzen und auf der sich Ausdrücke, die nicht im Wörterbuch auftauchen, mit solchen, die man nachschlagen kann, ganz selbstverständlich vermischen.

Uns geht es hier um die Ausdrücke und Wendungen, die meistens nicht in Wörterbüchern stehen, die unserer Meinung nach aber ein wesentlicher Bestandteil der französischen Alltagskultur sind. Der Beweis dafür ist, dass es dem Ausländer, der diese Sprach-

Was ist französische Umgangssprache?

ebene beherrscht, passieren kann, dass ihm anerkennend auf die Schulter geklopft wird: „Du sprichst wirklich Französisch wie ein Franzose!"

Ein großer Teil dieser Ausdrücke gehört zur Vulgärsprache, die mehr oder weniger weit verbreitet ist; das soll heißen: Manche sprechen überwiegend so, andere benutzen sie nur im engsten Bekanntenkreis oder in Extremsituationen (Stichwort Straßenverkehr). Es handelt sich um die sogenannten *expressions de cul* („*Arsch-Ausdrücke*"), und die Übersetzung mit „vulgärsprachliche Ausdrücke" ist hier in keinem Fall wertend gemeint!

Die letzteren wurden hier vor allem gesammelt, damit der harmlose Reisende versteht, was ihm ein freundlicher Franzose da unter Umständen scheinheilig lächelnd an den Kopf wirft. Mit der eigenen Verwendung dieser Ausdrücke sollte man aber sehr vorsichtig sein. Es sei denn, man weiß, was man sagen will, wie man es sagen will, und vor allem, wem man es sagt. Und selbst dann kann man immer noch nicht sicher sein, dass es in der Situation auch so verstanden wird, wie man es meint. Die Verwendung deftiger Ausdrücke in einer Fremdsprache wird im Allgemeinen als nicht so drastisch empfunden wie in der eigenen Muttersprache, der Adressat kann das aber ganz anders sehen!

Die Umgangssprache zeichnet sich nicht nur durch ein bestimmtes Ausdrucksniveau aus. Die Grammatik wird oft vereinfacht, und

Was ist französische Umgangssprache?

auch die Aussprache entspricht nicht immer dem erlernten Schulfranzösisch. Dies kann das Verständnis manchmal erleichtern, manchmal aber auch erschweren. Die folgenden Grammatik-Hinweise sollen da helfen:

In der Umgangssprache werden nicht alle Zeiten bei der Beugung der Verben benutzt. Die Gegenwartsform, le présent, die mit aller gebildete Form der nahen Zukunft, le futur proche, und für die Vergangenheit die Perfektform, le passé composé, sind die Zeiten, mit denen man auskommt.

Bei den mit ne ... pas, ne ... personne, ne ... rien gebildeten Verneinungsformen wird fast immer ne weggelassen. Beispiel: J'ai rien fait.; Je vais pas venir avec vous.

Im Alltagsfranzösisch werden oft Silben weggelassen oder zusammengezogen, besonders wenn das erste Wort auf einen Selbstlaut endet und das folgende mit einem Selbstlaut beginnt.

Ausführliche Anleitungen zum schnellen Erlernen der wichtigsten grammatischen Grundbegriffe und Vokabeln der französischen Sprache findet man in dem Kauderwelsch-Band 40 „Französisch Wort für Wort".

T'as pas une clope?
J'sais pas c'qu'tu veux!
gesprochen: „Schäpasktüwö"

clope = *Zigarette*

Da in diesem Band viele kurze Beispielsätze angeführt werden, um die Verwendung eines Wortes oder Ausdrucks im alltagssprachlichen Zusammenhang darzustellen, sollte man diese Punkte auch bei der Benutzung dieses Büchleins im Hinterkopf behalten.

Hinweise zur Benutzung

Wie bereits gesagt, wird der Frankreich-Reisende mit diesem Umgangssprachniveau in allen möglichen Alltagssituationen konfrontiert. In manchen Situationen kann er Ausdrücke hören, die zwar nicht unbedingt vulgär, aber typisch für diese Situationen sind. Allerdings gibt es auch Wendungen und Formulierungen, die tatsächlich zum argot *(Straßen-Slang)* gehören und auch typisch für ein Thema oder eine Situation sein können, aber dennoch äußerst unfein sind.

Im ersten Teil dieses Bandes werden einige dieser typischen Situationen und Themen mit den jeweils typischen französischen Ausdrücken vorgestellt. Die harmlosen und die eher vulgären Ausdrücke sind jedoch nicht getrennt aufgelistet. Ganz besonders vulgäre Ausdrücke sind mit einem „Bömbchen" (💣) versehen.

Im zweiten Teil geht es dann um echte umgangssprachliche, und dabei im wesentlichen um die vulgären Ausdrücke. Sie sind nicht so sehr typisch für bestimmte Situationen des Alltags, sondern sie dienen eher dazu, bestimmte Gefühle zum Ausdruck zu bringen, wenn man seinem Ärger Luft macht, sich abwertend über jemanden äußert, jemanden beschimpft, beleidigt usw. Die schlimmsten Ausdrücke sind wieder mit 💣 markiert.

Seitenzahlen

Um Ihnen den Umgang mit den Zahlen zu erleichtern, wird auf jeder Seite die Seitenzahl in Französisch angegeben!

Hinweise zur Benutzung

Eine Reihe dieser an sich vulgären Wörter können in bestimmten Situationen aber auch das Gegenteil meinen und durchaus eine anerkennende oder positive Bedeutung bekommen. Das kommt natürlich ganz auf den Zusammenhang an. Zum Beispiel kann salaud *(Scheißkerl)* sowohl beleidigend als auch anerkennend gebraucht werden.

Andererseits gibt es auch Wörter, die, wenn sie nicht in ihrem eigentlichen Zusammenhang verwendet werden, eine ganz andere Bedeutung erhalten. So drückt das Wort putain *(Nutte)* in einer bestimmten Situation Anerkennung oder Erstaunen aus, zusammen mit anderen Schimpfwörtern oder Beleidigungen dient es als Verstärkung: putain de merde = „verdammte Scheiße". Am vorangegangenen Beispiel kann man außerdem sehen, dass manche umgangssprachlichen Redewendungen, will man sie wörtlich übersetzen, eine ganz andere Bedeutung erhalten oder sogar vollkommen unverständlich sind. In diesen Fällen ist zusätzlich zur entsprechenden freien deutschen Übersetzung die wörtliche Übersetzung in einem kursiven Schrifttyp angegeben. So heißt die wörtliche Übertragung von putain de merde: *Nutte von / aus Scheiße,* und das ist im Französischen ja nun nicht gemeint.

Wir haben in jedem Fall versucht, die entsprechende deutsche Übersetzung der Ausdrücke und Wendungen zu finden und sie dem französischen Sprachniveau anzugleichen. Das war nicht immer ganz einfach, da

quinze | 15

Hinweise zur Benutzung

man sehr schnell das Gefühl hat, dass die französische Sprache viel differenzierter und reichhaltiger ist und nicht so drastisch klingt. Die deutsche Entsprechung entspringt daher immer einer subjektiven Auswahl des Autors, die jedoch durch kompetente Deutsche und Franzosen bestätigt bzw. korrigiert wurde.

Im Anhang dieses Bandes sind alle Ausdrücke noch einmal stichwortartig und alphabetisch geordnet aufgelistet. Die Seitenzahl(en) dahinter gibt (geben) an, wo ein Wort, ein Ausdruck oder ein Stichwort und die entsprechende Übersetzung im Buch steht. Hört man den Ausdruck: Ça m'a coûté la peau des fesses!, findet man unter fesse die entsprechende(n) Seitenzahl(en).

© Karin Schewe

Le franglais
... noch mehr zur Umgangssprache

Es ist nicht neu, dass viele Sprachen Wörter aus dem Englischen bzw. dem Amerikanischen entliehen haben. Dies gilt selbstverständlich auch für das Französische. Diesen speziellen Jargon nennt man franglais: Er ist aus français *Französisch* und anglais *Englisch* zusammengesetzt. Viele Franzosen benutzen in allen Bereichen des Alltags solche anglo-amerikanischen Leihwörter; vor allem die jungen Franzosen finden diese Ausdrucksweise ganz toll.

Typisch für die französische Sprache ist, dass die Übernahme dieser Ausdrücke soweit geht, dass sie sogar französisch ausgesprochen werden. Teilweise klingt das so eigenartig, dass man sie kaum wiedererkennt:

le joint	*shoañ*	der Joint
le D.J.	*didscheh*	der Discjockey
un rocker	*rokör*	der Rockstar
le flirt	*flört*	der Flirt
le must	*möst*	ein Muss
cool	*kuhl*	cool
flipper	*flipeh*	Schiss haben; ausflippen
le mixage	*mikßash*	die Mischung

le must du must = *ein absolutes Muss*

Die für die „Reinheit" der französischen Sprache verantwortliche Académie Française hat sich

Le franglais

über diese anglicismes schon einmal so aufgeregt, dass beschlossen wurde, sie ganz aus dem Bereich der audio-visuellen Medien zu verbannen und sie durch entsprechende französische Wortneuschöpfungen salonfähig zu machen. So sollte z. B. das Wort le walkman ersetzt werden durch le baladeur (*wörtlich: der Wanderer*).

Natürlich lässt sich die Eigendynamik einer Sprache bekanntlich nicht aufhalten. So werden immer neue Wörter aus dem Anglo-Amerikanischen entlehnt. Dies betrifft vor allem den Bereich der Wirtschaftssprache, z. B.: le know-how, le meeting, le monitoring, le partnering, le briefing.

Übrigens hat die Vorliebe der Franzosen, Worte aus einer Fremdsprache zu entleihen, auch vor dem Deutschen nicht haltgemacht. So stößt man überraschend, vor allem in den Medien, auf deutsche Wörter, die in die französische Sprache übernommen wurden (oder gerade werden): le krach (*Börse*), le waldsterben, la realpolitik, le vasistas („*was ist das?*" = *Oberlicht*), l'hinterland, le lied, l'ersatz (*schlechter Ersatz!*)..

Le franglais

Ab- und Verkürzungen

Ein weiteres allgemeines Phänomen der französischen Sprache ist der Gebrauch von Ab- und Verkürzungen. Ich denke dabei weniger an die Abkürzungen durch Buchstabenkombinationen, die zwar auch für viele Frankreichreisende ein Rätsel sein werden, die aber kein typisches, umgangssprachliches Merkmal sind, sondern vielfach aus einer beachtlichen Bürokratie entstanden sind.

Durch und durch umgangssprachlich ist aber: PQ = papier-cul *„Arschpapier" = Toilettenpapier*

Charakteristisch für die Umgangssprache ist vielmehr, dass bei mehr oder weniger langen Wörtern eine oder mehrere Silben am Wortende wegfallen. Dieses Prinzip ist jedoch in vielen Sprachen so verbreitet, dass es zu einem Phänomen der gesprochenen Sprache überhaupt geworden ist.

Natürlich ist es unmöglich, alle gebräuchlichen Verkürzungen systematisch aufzulisten. In den einzelnen Kapiteln findet man jedoch immer wieder verkürzte Ausdrücke, die für den umgangssprachlichen Wortschatz recht typisch sind:

le loub(ard)	der Vorstadtganove
le pédé(raste)	der Schwule
la pute (putain)	die Nutte
impec(cable)	ordentlich (Sauber!, Klasse!)
sympa(thique)	sympathisch, nett
sensas (sensationnel)	sensationell (super!)

Le franglais

extra(ordinaire)	außergewöhnlich (Nice!, Geil!)
le max(imum)	das Maximale
le clodo (clochard)	Clochard
le toxico(mane)	der Drogenabhängige
l'ado(lescent)	der Jugendliche

Allerdings ist der einst romantisierte clochard *bereits sprachlich weitgehend veraltet. Heutzutage spricht man eher prosaisch von* le SDF = le sans domicile fixe *(ohne festen Wohnsitz).*

Verkürzungen im allgemeinsprachlichen Vokabular kommen natürlich auch vor. Hier einige Beispiele:

la télé(vision)	das Fernsehen
le resto (restaurant)	das Restaurant
le ciné(ma)	das Kino
le bac(alauréat)	das Abitur
le frigo (frigidaire)	der Kühlschrank
la pub(licité)	die Werbung
le prof(esseur)	der Lehrer
la manif(estation)	die Demonstration
l'expo(sition)	die Ausstellung
le dico (dictionnaire)	das Wörterbuch

le verlan

Das Wort verlan *selbst ist übrigens ein Beispiel für dieses Phänomen. Es stammt nämlich von* l'envers *(umgedreht).*

Seit langem schon gibt es in Frankreich eine ganz besonders unzugängliche Umgangssprache, die mehr einem Geheimcode ähnelt: das verlan. Bei dieser höchst eigentümlichen Sprache ist der Trick, die Silben der Wörter zu vertauschen oder zu verdrehen. Angeblich ist dieser Code spezifisch für bestimmte Milieus, insbesondere bestimmter sozialer (Rand-)Gruppen in Paris, nicht zuletzt der Pariser

Le franglais

Halb- und Unterwelt, und es wird übrigens auch nur in großen Städten und nicht von allen Franzosen verstanden.

Einige dieser Wörter und Wendungen werden jedoch auch von vielen Jugendlichen gebraucht:

chébran (branché)	topmodisch	*eingestöpselt*
C'est bléca! (câblé)	Alles geritzt!	*verkabelt*
Laisse béton! (tomber)	Lass sausen!	*fallen*
la turvoi (voiture)	das Auto	
la meuf (femme)	die Frau	
zarbi (bizarre)	komisch, seltsam	
relou (lourd)	beschwerlich	

© Karin Schewe

Faire des bornes

Faire des bornes
Unterwegs in Frankreich

Reisen heißt in Frankreich natürlich, wie auch in Deutschland, hauptsächlich die Fortbewegung per Auto. Auch für Franzosen ist das Auto das liebste Kind, und das Straßennetz ist in Frankreich fast so gut ausgebaut wie in der Bundesrepublik, die Landschaft ist nur noch nicht so zubetoniert.

Auf den Autobahnen les autoroutes ist das Tempo auf 130 km/h begrenzt, woran sich die meisten Autofahrer und -fahrerinnen allerdings nicht unbedingt halten. Es gibt jedoch Radarfallen (oftmals vorangekündigt).

Zwangsläufig muss man sein Tempo reduzieren, wenn man in einen Stau, un embouteillage *(Flaschenabfüllung)*, oder le bouchon *(der Korken / Stopfen)*, gerät, was immer zu Beginn der Ferien in hohem Maß der Fall ist.

Die Autobahnbenutzung in Frankreich ist kostenpflichtig. Regelmäßig gerät man vor den großen Städten an Gebührenzahlstellen, les péages, an denen der Verkehrsfluss unterbrochen wird und an denen jeder für die zurückgelegte Strecke eine Autobahnbenutzungsgebühr bezahlen muss.

l'entrée d'autoroute	die Autobahnauffahrt
la sortie (d'autoroute)	die Autobahnabfahrt
la direction	die Richtung
le panneau	das Schild

Faire des bornes

le croisement	die Kreuzung
l'aire d'autoroute	die Autobahnraststätte
le parking	der Parkplatz
la station d'essence	die Tankstelle
prendre de l'essence	tanken
faire le plein	volltanken
le super	das Superbenzin
l'ordinaire	das Normalbenzin
le diesel	der Dieselkraftstoff
sans plomb	bleifrei
libre service	Selbstbedienung
le garage	die Werkstatt
le centre(-ville)	die Stadtmitte, die Innenstadt
la banlieue	der Vorort, äußerer Stadtrand
le bidonville	heruntergekommene
Kanisterstadt	Wohn-und Schlafstadt
la Z.U.P.	Wohnsiedlungsgebiet
(Zone à Urbaniser	am Stadtrand,
en Priorité)	Trabantenstadt
la Z.I.P.	Industriegebiet
(Zone à Industrialiser	(meist mit Wohn-
en Priorité)	gebieten verbunden)
le scooter	Motorroller

Auf den Landstraßen erster, zweiter und dritter Ordnung, les Routes Nationales (R.N.), kurz les nationales genannt, ist die Geschwindigkeit auf 80 km/h begrenzt. Manche dieser Straßen sind allerdings bereits zu autobahnähnlichen Schnellstraßen, les voies rapides, ausgebaut, auf denen

Man kann die Routes Nationales an ihrer 1-, 2- oder 3stelligen Ziffer erkennen.

Faire des bornes

Bis auf ein paar Ausnahmen ähneln sich die deutschen und französischen Straßenbeschilderungen. Sehr häufig sieht man das merkwürdige Verkehrsschild mit der Aufschrift RAPPEL: *Hier wird nicht vor Schlaglöchern gewarnt, sondern es bedeutet soviel wie „Erinnerung" an die für diesen Straßenabschnitt gültige Verkehrsvorschrift. Ebenso mysteriös mag das Hinweisschild* PHARES *sein, das man vor allem nach Tunneldurchfahrten sieht. Es bedeutete nichts anderes, als dass die Autofahrer nunmehr ihre Scheinwerfer wieder ausschalten sollen (bei Tageslicht).* die Geschwindigkeitsbegrenzung gesondert ausgeschildert ist.

l'entrée du village	der Ortseingang
la sortie du village	der Ortsausgang
prendre un raccourci	eine Abkürzung fahren
la déviation	die Umleitung
le bled	das (abgelegene) Kaff
C'est la brousse / le trou du cul du monde ici!	Das ist ja eine gottverlassene Gegend *(Urwald / Arsch der Welt)* hier!

faire de l'autostop

Trampen ist in Frankreich generell möglich. Es wird aber immer schwieriger, schnell eine Mitfahrgelegenheit zu finden, da die französischen Autofahrer und -fahrerinnen immer mehr Angst vor unliebsamen oder unangenehmen Bekanntschaften haben. Inzwischen gibt es in jeder größeren Stadt allerdings Mitfahrzentralen (Allô Stop), an die man sich wenden kann.

faire du stop	trampen
l'autostoppeur	der Tramper
l'autostoppeuse	die Tramperin
prendre un autostoppeur	einen Tramper mitnehmen

Faire des bornes

la bagnole & la moto

Der fahrbare Untersatz ist vielen Franzosen sehr ans Herz gewachsen, selbst wenn er zu Hause stehen bleibt und man mit Bus, Zug oder Metro zur Arbeit fährt. Verständlich, dass sich ein großer Bereich der Umgangssprache um dieses Thema dreht.

la bagnole	die Karre
la caisse / la tire	die Kiste
la deudeuche	der (Citroën) 2 CV
la bécane	Moped / Kleinmotorrad
la mob	das Motorrad
la meule	die Mühle
le vélo	das Fahrrad
le vieux clou	der Drahtesel *(Fahrrad)*
le poids lourd	der Brummi *(LKW)*

la bagnole, la caisse, la tire *sind Bezeichnungen für „Auto".*

le clou = *der Nagel das schwere Gewicht*

C'est une bonne occase.
Das ist ein guter Gelegenheitskauf!

vingt-cinq | **25**

Faire des bornes

auf den Pilz drücken	**appuyer sur le champignon** — aufs Gas treten
	le feu — die Ampel
das Feuer verbrennen / grillen	**brûler / griller le feu** — über eine rote Ampel fahren
	conduire comme un pied — wie eine besengte Sau fahren
	une borne — ein Kilometerstein
	faire des bornes — weit fahren / Kilometer fressen
Der natürliche Gegner des Autofahrers bleibt natürlich le gendarme, *der Verkehrspolizist, der den ohnehin gestressten Verkehrsteilnehmern das Leben noch schwerer macht.*	**se garer** — parken
	se garer en double file — in zweiter Reihe parken
	faire un créneau — rückwärts einparken
	eine Schießscharte machen

les flics

le flic / le poulet	der Bulle
le / la keuf	der Bulle / die Bullin
Sale flic!	Scheiß-Bulle!
la pervenche	die Politesse

schmutziger Polizist
So sollte man den Polizisten natürlich nicht beschimpfen, denn das ist auch in Frankreich strafbar, während flic *durchaus als Berufsbezeichnung durchgeht.*

© Peter Rump

26 vingt-six

Faire des bornes

la prune	das Strafmandat	*die Pflaume*
choper / se prendre une prune	ein Knöllchen bekommen	choper = *ergattern*

le chemin de fer

Wem es zu beschwerlich, zu gefährlich oder zu teuer ist, mit dem Auto zu reisen, der kann den Zug nehmen, es sei denn, die staatliche französische Eisenbahngesellschaft S.N.C.F. wird wieder gerade mal bestreikt. Am schnellsten fährt man mit dem T.G.V. (Train à Grande Vitesse), dem Superschnellzug mit 285 km/h Reisehöchstgeschwindigkeit, der allerdings bisher nur größere Städte verbindet.

S.N.C.F. (Société Nationale des Chemins de Fer Français) *steht an allen Bahnhöfen und überall, wo man Zugfahrkarten kaufen kann.*

S.N.C.F.	staatliche französische Eisenbahngesellschaft
le billet (de train)	die Zugfahrkarte
composter un billet	die Fahrkarte entwerten (in Automaten)
l'express	der Schnellzug
le train local	der Ortsverkehrzug
le train de banlieue	der Vorortzug
R.E.R.	S-Bahn
T.E.R.	Regionalbahn
le supplément	der Zuschlag
la couchette	der Liegewagen
le wagon-lit	der Schlafwagen
la voiture	der Eisenbahnwaggon

R.E.R. = Réseau Express Régional
T.E.R. = Transport Express Régional

louper / rater son train = *seinen Zug verpassen*

Faire la bringue

Faire la bringue
Nachts in der großen Stadt

Wenn man als Fremder nächtens an unbekanntem Ort landet, kann man sich ganz schön verloren fühlen. Vor allem kleinere und mittlere französische Städtchen (also fast alle Provinzstädte) sind nachts menschenleer und wie ausgestorben.

verloren	**Je me suis paumé(e).**	Ich habe mich verlaufen.
verirren	**Je me suis gouré(e).**	Ich hab' mich verirrt.
eingepflanzt	**Je me suis planté(e).**	Ich hab' mich verfranzt / was falsch gemacht.

Rumhängen oder was losmachen?

Und wenn man sich die Nacht nicht auf dem Bahnhof um die Ohren schlagen will (wovon abzuraten ist), dann sucht man eine Schlafgelegenheit (nicht immer im Hotel) oder ein Plätzchen zum Unterkommen:

crèche = *Krippe / Wiege* — **Je peux crécher chez toi?** Kann ich bei dir pennen?

Faire la bringue

se pieuter,	sich in die Falle /
aller au pieu	Kiste hauen
traîner	rumhängen
zoner	sich (im Problem-
	viertel) rumtreiben
Il se démerde. /	Der wird schon
Il va se démerder! /	klarkommen!
Il se débrouille.	

entwirren

© Karin Schewe

Es ist natürlich viel interessanter, die Nacht anders als schlafend zu verbringen. Etwas zu unternehmen ist angesagt!

se mettre sur son 31	sich fein machen
faire la bringue /	einen drauf machen,
bringuer /	einen saufen gehen
faire une virée	
se faire une sortie	was unternehmen,
s. einen Ausgang machen	abends weggehen
sortir le soir / la nuit	abends / nachts
	was losmachen
faire les fous	irrsinnig was
die Verrückten machen	losmachen

Faire la bringue

platzen	**s'éclater**	total abfahren / die Sau rauslassen
das ist der Anteil an der Beute	**C'est le pied / le feu!**	Das macht einen Riesenspaß! / einen Orgasmus haben
	Ça déchire. *das zerreißt einen*	Das geht voll ab.
	le cinoche	das Kino
	se mater un film	sich einen Film ansehen gehen
	se faire un plan ciné	ins Kino gehen
	aller danser	tanzen gehen
die Büchse	**la boîte**	die Disco
	sortir en boîte	in die Disco gehen
	aller au bordel	ins Bordell gehen
	aller voir les putes	zu den Nutten auf den Straßenstrich gehen

Abends ausgehen ist für einen Franzosen mit einem umfangreichen Programm verbunden: Apéritif trinken, Essen gehen, ins Kino, in die Disco oder in eine Bar gehen usw. Eine Kneipenkultur wie in der Bundesrepublik gibt es in Frankreich nicht! Es gibt bistros und cafés, die man aber hauptsächlich tagsüber besucht und die meistens schon zwischen 20:00 und 21:00 Uhr schließen. Aber bis dahin kann man hier beim Apéritif, dem apéro, richtig zuschlagen.

Faire la bringue

Trinken: l'apéro au bistro

le bistro(quet) / troquet	die Kneipe	
le zinc	der Tresen	
la buvette	die Stehkneipe	
le comptoir / le bar	die Theke, der Tresen	
se mettre au bar	sich an die Theke stellen	
prendre un verre	ein Glas trinken	
boire un pot / coup	einen trinken	*e. Topf / Schlag trinken*
boire un canon	ein Glas (v. a. Bier) trinken	*eine Kanone trinken*
se bourrer la gueule	auf Sauftour gehen	*sich die Kehle befeuchten*
s'en jeter un derrière la cravate	sich einen hinter die Binde kippen	
J'ai le gosier sec!	Ich hab 'ne trockene Kehle!	
un alcool bien tassé	ein starker Schnaps	
Il ne faut pas faire de faux col!	Schütt randvoll ein!	*le faux col = falscher Kragen (= Schaumkrone)*
Il faut refaire le plein.	Volltanken! *(das Glas)*	
la tournée	die Lokalrunde	
payer la tournée	eine Runde schmeißen	
le pinard	der Wein	
un ballon (de rouge / de blanc)	ein Glas Wein (roten / weißen)	*der Ballon*
une blonde	ein Bier / ein Helles	*eine Blonde*
une brune	ein dunkles Bier	*eine Braune*
une pression	ein Gezapftes, Bier vom Fass	*ein Druck*
un demi	ein gezapftes Bier (0,2 l)	
un vrai demi	ein Halber (0,5 l)	*ein echter Halber*

Faire la bringue

ein Wahrhaftiger

un distingué	ein Halber (0,5 l Bier)
un véritable	ein Liter Bier / eine Maß
une blanche	ein Weißbier
un panaché	Alsterwasser, Radler (Bier und Limonade)
un 51	ein Pastis (Marke 51)

un perroquet	Pastis mit Pfefferminzsirup
ein Papagei	
une tomate	Pastis mit Grenadine (Granatapfelsirup)
eine Tomate	
la flotte	das Wasser

Faire la bringue

blau, grau oder schwarz?

être gris(e)	angesäuselt sein
grau sein	
être pompette	angeheitert sein *(Frauen)*
/ éméchée	
être noir(e)	blau sein
schwarz sein	
être soûl(e)	betrunken sein / dicke sein
être bourré	besoffen sein / abgefüllt sein
gestopft sein	
être paf	einen in der Birne haben
être pété(e)	breit sein
être plein	besoffen / voll sein
voll sein	*(nur für Männer)*
être défoncé	besoffen / high sein

Der Begriff apéritif *ist extrem dehnbar. Elementar ist nur, dass er vor irgendeiner Mahlzeit (das Frühstück gilt in Frankreich nicht als Mahlzeit!) eingenommen wird. Manche beginnen also mit dem Apéritif kurz nach dem Frühstück. Über die Menge der Alkoholaufnahme sagt der Begriff jedoch nichts aus. Das kann dann natürlich übel ausgehen.*

Il est rond comme un manche de pelle!
Er ist rund wie ein Schaufelstiel.
Er ist hackevoll.

Il est raide mort!
Er ist steif tot.
Er ist totensteif.

Il / Elle s'est soûlé(e) la gueule.
Er / Sie hat sich einen gezwitschert.

prendre une cuite / une biture
sich besaufen

charger la mule *das Maultier beladen*
sich die Hucke vollsaufen

Faire la bringue

Il a pris une bonne murge.
Er hat sich total vollaufen lassen.

se prendre une bonne cuite
sich ganz schön besaufen

Il est rond comme une bille.
Er ist rund wie eine Murmel.
Er ist voll wie eine Haubitze.

Und wenn es dann nach Hause geht:

Gesicht zerschlagen	**se casser la gueule**	auf die Schnauze fliegen
	se casser la figure	lang hinschlagen
sich ein Holzscheit aufheben	**se ramasser / se prendre une bûche**	sich auf die Schnauze legen
ohne Kompass sein	**être déboussolé(e)**	vollkommen den Überblick verlieren
den Norden verlieren	**perdre le nord**	die Orientierung verlieren

Pipi – caca
Toilette & Co.

Jeder weiß natürlich, dass das „deutsche" Wort „Toilette" aus dem Französischen stammt. La toilette bedeutet in der französischen Sprache ursprünglich (und auch heute noch) „der Waschtisch" oder auch „die äußere Aufmachung" (was man im Deutschen in dem Ausdruck „Toilette machen" findet).

„Aufs Klo gehen" heißt im Französischen aller aux toilettes oder aller au WC. In diesem Zusammenhang kommt man natürlich nicht umhin, an das berühmte französische pissoir zu denken, eine fast kulturspezifische Einrichtung, die früher überall in den französischen Städten existierte (heute im Verschwinden begriffen) und die nur der männlichen Bedürfnisstillung diente! Eine andere Institution in diesem Zusammenhang ist die französische Toilettenfrau, la dame-pipi genannt, die man oft in öffentlichen Toiletten findet.

faire pipi	Pipi machen / pinkeln	
pisser	pissen	
changer l'eau du poisson	pinkeln gehen	*das Wasser im Aquarium wechseln*
faire caca	einen Haufen machen	
chier	kacken / scheißen	
se soulager	sein Wasser abschlagen	*sich erleichtern*

Pipi – caca

couler un bronze
eine Bronze gießen
einen Klotz hinlegen / einen abladen

poser une prune
eine Pflaume deponieren
einen Haufen machen

les chiottes　　　　　**la chiasse**
das Scheißhaus　　　　der Dünnschiss

avoir la courante / la chiasse
Dünnschiss haben

péter / loufer　　　　**le pet**
furzen　　　　　　　　der Furz

lâcher un pet / prout
einen fahren lassen

lâcher une caisse
eine Kiste lassen
einen Furz ablassen

Aller au resto

Essen

Irgendwie und irgendwo muss man dann zum Essen schreiten. Sehr oft laden Franzosen sich gegenseitig zu Hause zum Essen ein. Dort ist man unter sich, weiß, was man isst und kann selbst bestimmen, mit wem. Aber man geht auch gern und oft ins Restaurant, möglichst mindestens einmal die Woche. Das müssen dann nicht die teuersten Spitzenrestaurants sein; viel lieber geht man ins resto du coin, das Restaurant um die Ecke, oder in sein Stammlokal, in dem das Preis-Leistungs-Verhältnis noch stimmt. Viele Franzosen und Französinnen, die in der Stadt arbeiten oder während der Mittagspause nicht nach Hause fahren können, gehen auch ins Restaurant und wählen dort ein speziell angebotenes günstiges Mittagsgericht, le plat du jour.

J'ai une de ces faims.
Ich hab' einen Mordshunger.

J'ai la dalle.
Ich habe eine Steinplatte.
Ich hab' Hunger.

J'ai l'estomac dans les talons.
Ich habe den Magen in den Fersen.
Ich kann vor Aufregung nichts essen.

Aller au resto

aller bouffer	essen / spachteln gehen
se faire une bouffe	sich ein Essen gönnen
se faire un gueuleton	ein richtiges Fressgelage veranstalten
se faire un grec	zum Griechen gehen
casser la croûte *die Kruste zerbrechen*	kurz mal was Kleines essen
grignoter	was Kleines knabbern
manger sur le pouce *auf dem Daumen essen*	was im Stehen aus der Faust essen
le fast (= le fast food) (restauration rapide)	das Fast-Food-Restaurant
le macdo	ein „MacDonald's"
le self *v. a. die Schulkantine*	das Selbstbedienungsrestaurant
le snack-bar	der Schnellimbiss

In einem richtigen Restaurant bestellt man entweder nach der Speisekarte (à la carte) oder man wählt ein menu, von denen meist mehrere in verschiedenen Preisklassen und unterschiedlichem Umfang angeboten werden.

In bekannten Restaurants ist es angeraten, einen Tisch vorzubestellen, réserver une table, für die entsprechende Anzahl von Personen, les couverts *(Gedecke)*. Und dann kann's losgehen:

l'apéritif	der Apéritif
les amuse-gueule *die Spaßmacher für die Schnauze*	die Appetithäppchen
l'entrée *der Eingang*	die Vorspeisen

Aller au resto

le hors-d'œuvre	die Vorspeise
le plat	das Hauptgericht
le plat du jour / marché	das Tagesgericht
les légumes	die Gemüsebeilagen zum Hauptgang
les accompagnements	die Beilagen
le plateau de fromages secs	die Käseplatte
trockener Käse	

die Platte

Die Gemüsebeilagen zum Hauptgericht werden je nach Region und Sitte auch erst nach dem Fleisch- oder Fischgericht gegessen.

le fromage blanc (**avec** *oder* **sans crème**)	der Quark (mit oder ohne flüssige Sahne)
les desserts	die Nachspeisen
le chariot de desserts	der Dessertwagen

Zum Essen trinkt man in einem normalen Restaurant u.a. Wein: Rotwein (du rouge), Weißwein (du blanc) oder Roséwein (du rosé). Wein wird nicht nur in Flaschen angeboten:

une bouteille	die Flasche
une carafe	eine Karaffe
un pichet (**un petit / un grand**)	ein Krug (kleiner / großer, 0,25 l oder 0,5 l)
du vin en pichet	offener Wein
un pot	kleine Flasche
ein Topf	offenen Weins, 0,7 l

Kleine Flaschen offenen Weins werden nur in manchen Gegenden angeboten, z.B. in der Rhône-Region.

Aller au resto

Das Essen wird abgeschlossen mit dem üblichen café oder express. Für die, die nach einer solchen Koffein-Bombe nicht schlafen können, gibt es einen déca (café décaféiné = *entkoffeinierter Kaffee*), eine tisane *(Kräutertee)* oder eine infusion *(Kräuterteeaufguss)*.

Zum café kann man, wenn man will, einen pousse-café (wörtlich *Kaffeedrücker*), also einen Vor-Verdauungsschnaps, trinken: einen Likör oder Schnaps, der hilft, den Kaffee runterzuspülen. Und danach gibt es dann natürlich den digestif, der die Verdauung in Gang setzen hilft und der ebenfalls aus einem härteren Getränk, un petit alcool, besteht: cognac, armagnac, eau de vie *(Schnaps)* usw.

s'en mettre jusque là
sich's bis dahin stecken
sich bis obenhin vollfressen

s'en mettre plein la panse
sich den Wanst vollschlagen, futtern gehen

se bâfrer	sich vollfressen
se goinfrer	sich vollstopfen
le goinfre	der Vielfraß
le gourmand	der Schlemmer
le gourmet	der Feinschmecker

Aller au resto

und danach ...

Essen und trinken im Restaurant ist natürlich nicht alles, was man nachts unternehmen kann, vor allem das Trinken kann man auch woanders fortsetzen. Da es, wie bereits gesagt, in Frankreich keine Kneipen gibt, geht man in einen pub (ausgesprochen „pöb") oder le bar. Damit ist keine Bar im deutschen Sinn mit all den eher unseriösen Assoziationen gemeint, sondern eine eher komfortable Lokalität mit intimer Beleuchtung, aber seriösem Charakter, allerdings auch nicht immer. Hauptsächlich ist man dort auf den Ausschank alkoholischer Getränke, Typ Cocktail, spezialisiert. Das oben aufgeführte Trinkvokabular gilt auch für diesen Bereich.

Le fric – les sous

Geld

Geld, le fric, spielt bekanntlich überall eine wichtige Rolle. Und auch zu diesem Bereich bietet die Umgangssprache ein spezielles Vokabular an, das teilweise mit landesspezifischen Eigenarten verknüpft ist. Die folgenden Übersetzungen sind austauschbar:

le fric	die Kohle
les sous	die Penunzen
les thunes	die Kröten
le pognon	die Knete
la fraîche	der Zaster
die Frische	
le blé	die Mücken
der Weizen	
l'oseille	das Moos
der Sauerampfer	

Zum 01.01.2002 ist auch in Frankreich der Euro eingeführt worden. Bis dahin gab es die Währungseinheit francs und centimes *(1 Franc = 100 Centimes)*. Für die francs und einige ihrer Mengeneinheiten gab es durchaus umgangssprachliche Ausdrücke (z. B. balle). Hinzu kam noch, dass die Franzosen eine Währungsreform aus dem Jahr 1960 nie ganz verdaut hatten und munter in francs anciens *(alten Francs)*

Le fric – les sous

weiterrechneten, wobei alle Geldwertangaben um den Faktor 100 größer wurden, als es dem offiziellen Zahlenwert entsprach. Aber das ist alles Schnee von gestern. Für den Euro haben sich bislang ebensowenig wie in Deutschland umgangssprachliche Ausdrücke entwickelt, von den oben genannten allgemeinen Slangwörtern für „Geld" einmal abgesehen.

In einer Hinsicht hat der offizielle Sprachgebrauch des Euro-Systems den französischen Besonderheiten Entgegenkommen gezeigt. Der (Euro-)Cent heißt in Frankreich (und den anderen frankophonen Ländern) ganz offiziell centime (d'euro), also ebenso wie die alte kleine Währungsbezeichnung. Dies ist aber den französischen Sprachstrukturen geschuldet, ist doch cent in allererster Linie das Zahlwort für „hundert". Eine allgemeine Währungsbezeichnung genauso zu benennen wie eine konkrete Zahlenangabe, hätte zu permanenten Missverständnissen geführt und wäre auch den sprachästhetischen Empfindungen der Franzosen sehr zuwider gewesen.

Le fric – les sous

Zahlen

La note est salée.
Die Rechnung ist gesalzen.

Ça me coûte les yeux de la tête / un bras!
Das kostet mich die Augen im Kopf / einen Arm.
Das kostet mich ein Schweinegeld!

Ça m'a coûté la peau des fesses!
Das hat mich die Haut vom Hintern gekostet.
Das hat mich ein Heidengeld gekostet!

Ça coûte trois fois rien / que dalle!
Das kostet dreimal nichts / nur eine Steinplatte.
Das kostet so gut wie nichts!

Il a fait un chèque en bois.
Er hat einen Scheck aus Holz gemacht.
Er hat einen ungedeckten Scheck ausgestellt.

Il a fait un chèque en blanc.
Er hat einen Blankoscheck ausgestellt.

Il a une ardoise!
Er hat eine Schiefertafel.
Er lässt anschreiben.

Il a les poches plein de biftons.
Er hat die Taschen voller Scheine.

Le fric – les sous

pleite sein

Il est fauché.
Er ist abgemäht.
Er ist abgebrannt.

faire la manche
den Ärmel machen
schnorren / betteln

Il a claqué tout son fric.
Er hat seine ganze Kohle durchgebracht.

Il est à sec.
Er sitzt auf dem Trockenen.

On lui a fauché son fric.
Man hat ihm seine ganze Kohle abgenommen.

Il est dans la dèche.
Er steht in der Kreide / sitzt in der Klemme.

C'est un radin / un rapiat.
Der ist ein Geizkragen.

Il est radin.
Er ist geizig.

taper une piéce / vingt centimes
ein (Geld-)Stück / 20 Cent erbetteln

Die Einzigen, die sich schnell auf den Euro umgestellt haben, sind übrigens die Bettler, die es sich leicht gemacht haben: Wenn man früher hörte: T'as pas dix balles?, so wird man heute angegangen mit T'as pas une pièce? („Haste nich mal 'n Geldstück?").

Leute, die man trifft

Nette Leute, komische Leute …

Man hat überall die Möglichkeit, Leute zu treffen, kennenzulernen oder ihnen vorgestellt zu werden. Dann sollte man entsprechende Ausdrücke verstehen, um zu wissen, wie die Beziehungen zwischen den verschiedenen Personen beschaffen sind, damit es nicht zu Missverständnissen kommt!

Les gens sympas – nette Leute

mon copain	mein Freund
ma copine	meine Freundin
mon / ma pote	mein(e) Kumpel(in)
mon mec / type / keum	mein Typ *(sagt Mädchen)*
ma nana / meuf	meine Perle *(sagt Junge)*
mon frangin	mein Bruder
ma frangine	meine Schwester

© Karin Schewe

Leute, die man trifft

mon beauf	mein Schwager
mon fiston	mein Sohnemann
ma fifille	mein Töchterchen
mon pépé	mein Großvater
ma mémé	meine Großmutter
ma belledoche	mein Schwiegerdrachen
mon bro	mein Bro / „Bruder"
ma mif	meine Familie / Clique

Verlan zu famille

Manche Leute sind nicht so einfach einzuordnen und von daher schon suspekt, oder sie werden misstrauisch beäugt, weil sie gerade so gut in eine Schublade hineinpassen:

Les gens bizarres – komische Leute

une beurette	eine aufgetakelte Tussi
un plouc	ein Stoffel
un péquenot	ein Bauerntrampel
un intello	ein Intellektueller
un bouffon	ein Hampelmann
un gnolgui (guignol)	ein Tölpel / Knallkopf
un dingue / fou / taré	ein irrer Typ
un babacool	Alternativer / Althippie
un branché	ein Typ, der die neuesten Sachen drauf hat
un fana	ein fanatischer Typ
un écolo	ein Grüner / Öko
un zigoto	ein komischer Heini
un prolo 💣	ein Prolet
un couillon / petit merdeux 💣	Kleinkrimineller, der Ärger sucht

Gebutterte

Eingestöpselter

quarante-sept **47**

Leute, die man trifft

Vor allem für Ausländer gibt es eine ganze Reihe von abwertenden, vor allem diskriminierenden Ausdrücken, die man zwar verstehen, aber nicht benutzen sollte!

	un métèque ●*	ein „Kanake"
	un bougnoul ●* / un raton ●*	ein Nordafrikaner
Melone	un melon ●* / beur / bic ●* / bicot ●*	ein Nordafrikaner / Araber
Schwarz-Fuß	un pied-noir	Algerien-Franzose
	un chinetoque ●*	ein Schlitzauge
	un black	ein Schwarzer / Bimbo
	un boche ●* / schleu ●* / teuton	ein Deutscher
	un angliche	ein Engländer
	un amerlo(que)	ein Ami
	un macaroni ●* / rital ●*	ein Spaghettifresser
Gebräunter	un bronzé ●*	ein Dunkelhäutiger
	un viet ●*	ein Vietnamese

Hört man übrigens in der französischen Provinz – damit ist alles gemeint, was nicht zu den drei Pariser Départements gehört – den Spruch C'est un parigot! *(Das ist ein Pariser!),* so ist das meistens abwertend für einen Bewohner der französischen Hauptstadt gemeint, über den das Vorurteil herrscht, dass er sich für etwas Besseres hält!

Leute, die man trifft

les gens du milieu

Nicht nur nachts, sondern auch tagsüber kann man in einschlägigen Cafés und Vierteln einer Stadt auf Leute treffen, die man zum sogenannten „Milieu" zählt. In vielen französischen Großstädten gehören sie zum alltäglichen und allnächtlichen Straßenbild der Innenstädte, und über diese kleine Welt spricht man umgangssprachlich ganz selbstverständlich.

mon homme / le maquereau / le mac mein „Beschützer"(Zuhälter)	*Makrele*
le jules / le julot / le régulier / le souteneur der Loddel (Zuhälter)	*der Reguläre*
la pute / la roulure / la tapineuse die Nutte	
faire une passe eine Nummer schieben	
faire le trottoir / faire le tapin / tapiner auf den Strich gehen	*Bürgersteig*
une traînée eine Rumtreiberin	
un traîne-savates ein Rumtreiber / Bettler	
un zonard ein rumlungernder Ghettoganove	
un loub(ard) ein Vorstadtgangster / Rowdy	
la racaille / cailléra jugendliche kriminelle Szene	

Leute, die man trifft

schwarze Jacke	**un blouson noir**
	Rocker
sans domicile fixe	**le clodo / la cloche / le SDF**
	der / die Obdachlose / der Clochard
	le taulard
	der Inhaftierte / Knastbruder
	la taule
	der Knast
	la pègre
	die Unterwelt
	faire un casse
	einen Bruch machen

Das „Milieu" verfügt natürlich über spezielle Bezeichnungen für seine Gegner, die Polizei:

la flicaille *(die Kühe)* / **les keufs** / **les lardus** / **les poulardins** / **les poulets** *(die Hühnchen)* / **les pieds-plats** *(die Plattfüßler)*

© Peter Rump

Leute, die man trifft

Drogenszene

Ein weiteres Milieu mit Spezialausdrücken ist die Drogenszene:

le (la) camé(e)	jemand, der unter Drogen steht / der sie regelmäßig konsumiert	
le junkie	der Fixer	
le dealer	der Drogendealer	
le toxico	der Drogensüchtige	
se piquer / se shooter	fixen, an der Nadel hängen	
un pétard / un joint	ein Joint	*(Silvester-)Knaller*
se fumer un joint	einen Joint rauchen	
la came / dope	die Droge	
le shit / la merde / l'herbe / le kif / la beu	das Haschisch	
la coke	das Kokain	
sniffer	schnüffeln	
l'acide	LSD	
la poudre / la neige	das Heroin	*Puder / Schnee*
l'overdose	die Überdosis	
être en manque	auf Entzug sein	

Le zapping

Le zapping
Die Medien

Die elektronischen Medien erfreuen sich in Frankreich großer Beliebtheit. Insgesamt nennt man in Frankreich Radio, Fernsehen, Video, Zeitungen, Bücher und den ganzen Komplex der modernen digitalen Medien la communication et les médias.

	la télé	das Fernsehen
die Kette	**la chaîne**	der Fernsehkanal
	la télécommande	die Fernbedienung
	zapper / flipper les chaînes	zwischen den Kanälen hin- und herschalten
	le zappeur	einer, der mit der Fernbedienung spielt
	le zapping	ständiges Umschalten
	l'émission	die Sendung
	le feuilleton	die Unterhaltungssendung / Fernsehserie
	les informations / infos	die Nachrichten
	la météo	die Wettervorhersage
	la présentatrice	die Fernsehansagerin
	la vidéo	das Video
	regarder la rediffusion sur netflix	die Wiederholung auf Netflix ansehen

Le zapping

la radio	das Radio	
la FM	der UKW-Sender	
la radio libre	der freie Radiosender	
la radio locale	der private örtliche Radiosender	
passer un coup de fil / bigo / bigophoner / donner un coup de turlu	telefonieren	
le quotidien	die Tageszeitung	
l'hebdomadaire	die Wochenzeitung	
le magazine	die Illustrierte	
le canard	das Blatt *(Zeitung)*	*die Ente*
le torchon	das Käseblatt	*der Lappen*
un gratte-papier / journaleux	der Schreiberling *(Journalist)*	*Papierkratzer*
gribouiller	kritzeln	
le bouquin	das Buch	
la bande dessinée (b.d.)	der Comic-Band	

la toile – das Netz

chater	chatten
surfer sur la toile	im Netz surfen
aller sur skype	auf Skype gehen
wi-fi	WLAN, Wi-fi

Le zapping

SMS-Sprache

cc	coucou!	hi!
bjr	bonjour!	hallo!
slt	salut!	hallo! / tschüss
sava	ça va?	Wie geht's?
	ça va!	Es geht!
tva b1	tu vas bien?	geht's dir gut?
bn	bien / bon	gut
ui	oui	ja
nn	non	nein
@+	à plus tard	bis später
@ toi 2 joué	à toi de jouer	Du bist dran (mit Spielen)
rv / rdv	rendez-vous	wir treffen uns ...
adj	aujourd'hui	heute
2jr	deux jours	zwei Tage
2h	deux heures	zwei Stunden
2min	deux minutes	zwei Minuten
2m1	demain	morgen
tki	tu es qui?	wer bist du?
tou	tu es où?	wo bist du?
c ou	c'est où?	wo ist das?
c koi	c'est quoi?	was ist das?
ktf	qu'est ce que tu fais?	was machst du?
dketuc	dès que tu sais	sobald du es weißt
tg	ta gueule!	halt dein Maul!
ntm	nique ta mère!	fick deine Mutter
fdp	fils de pute	Hurensohn
@	à	bis
bsx	bisous	Küsse
c – (tu)c	c'est – (tu) sais	es ist – (du) weißt

Gut zu wissen: SMS heißt le sms. *SMS werden so geschrieben, wie man spricht, mit Kleinbuchstaben. International bekannte Codes werden auch in Frankreich benutzt, z. B.* LOL *(laughing out loud (engl.) = ich lache laut, oder* ciao *= tschüss (italienisch) Auch Emoticons werden gern verwendet, z.B.* :-) *(Smiley).*

Le zapping

ds / dn	dans	in, im
dr	de rien	gern geschehen
euh ...	je réfléchis ...	ich muss mal überlegen ...
fopa	il ne faut pas	man darf nicht
g	j'ai	ich habe
h	heure	Stunde, Uhr
i / y	il	er
j	je	ich
jtk	je te kiff	ich liebe dich *(Slang)*
jtm	je t'aime	ich liebe dich
jtmc	je t'aime tu sais	ich liebe dich, weißt du das?
jtlm	je t'aime tellement	ich liebe dich so sehr
k	que	dass
kc	casser	Schluss machen
(L)	love *(englisch)*	Liebe
mdr	mort de rire	ich lach mich tot!
o	au / eau / oh!	zum / zur / Wasser / Ach!
pk	pourquoi?	warum?
prcke	parce que	weil, deshalb
ptdr	pèté de rire	ich lache mich kaputt!
q	cul	Arsch
re	re-bonjour!	Hallo noch mal!
tkl	tranquille	ruhig
tkt	(ne)t'inquiètes (pas)	keine Sorge!
vs	vous	ihr, Sie
x	bisou	Kuss

Boulot et dodo

Boulot et dodo
Arbeiten & Ausruhen

Arbeit und Freizeit gehen Hand in Hand. Der eine arbeitet, um zu leben, der andere lebt, um zu arbeiten; wobei das letztere weniger der französischen Lebenseinstellung entspricht. So wie man den Deutschen nachsagt, sie seien besonders arbeitseifrig, so heißt es von dem Franzosen, er sei ein Lebenskünstler. Aber es wäre sicherlich falsch, der arbeitenden französischen Bevölkerung nachzusagen, sie sei nur auf Müßiggang bedacht.

le boulot – die Maloche

bosser = *malochen*	**Il se fait du pognon / fric.** Er macht viel Kohle.
lange Zähne haben	**avoir les dents longues** den richtigen Biss haben / ehrgeizig sein
lange Arme haben	**avoir les bras longs** viele Beziehungen haben
die Dinge gehen machen	**faire marcher les affaires** den Laden schmeissen
den Laden drehen machen	**faire tourner la boîte** etwas am Laufen halten
überlaufen von der Arbeit	**Il est débordé de travail.** Ihm wächst die Arbeit über den Kopf.
	le forcing der Gewalttakt / der Kraftakt

Boulot et dodo

faire du forcing
alle Kräfte auf eine Arbeit konzentrieren
Il est à la bourre.
Er steht arbeitsmäßig unter Hochdruck.
stresser / criser
völlig im Stress sein
manger à tous les râteliers — *in allen Heuhaufen essen*
in allen Töpfen gleichzeitig rühren
arrondir ses fins de mois — *seine Monatsenden aufrunden*
sein Gehalt am Monatsende irgendwie aufbessern
Il fait feu de tout bois! — *Er macht Feuer mit jedem Holz.*
Ihm ist jedes Mittel recht!
C'est la galère! — *Das ist die Galeere.*
Was für eine Schufterei / Scheiße!

Häufig sind die, die sich so richtig in die Arbeit stürzen, nicht die Beliebtesten bei Mitarbeitern und Kollegen und werden mit schmähenden Ausdrücken bezeichnet.

faire des ronds-de-jambes — *um die Beine herumtänzeln*
katzbuckeln
brosser dans le sens du poil — *nach dem Strich bürsten*
schön Wetter machen
lèche-cul — *Arschlecker*
Arschkriecher
fayoter
dem Chef in den Arsch kriechen / schleimen
le larbin
der Knecht (des Chefs)
essuyer les plâtres — *den Putz abwischen*
die Dreckarbeit machen

Boulot et dodo

sich die Hosenträger hochziehen lassen	**se faire remonter les bretelles** zusammengestaucht werden
	s'en ramasser une einen richtigen Anschiss einstecken
jemandem eine Seife rüberreichen	**passer un savon à quelqu'un** jemandem den Kopf waschen
Kasper	**On le prend pour un guignol.** Man hält ihn für einen Hampelmann.
	faire le guignol den Hampelmann spielen
	être un cancre Klassenletzter sein
	être un nul eine Null sein

Viré! – Gefeuert!

Bei uns wird man gefeuert, in Frankreich drückt man sich weniger drastisch aus:

gewendet	**On l'a viré!** Er ist gefeuert worden!
ausgeleert	**On l'a vidé!** Man hat ihn rausgeschmissen!
machen, setzen	**On l'a foutu à la porte!** Man hat ihn vor die Tür gesetzt!
geschleudert	**On l'a flanqué à la porte!** Er ist rausgeflogen!
werfen	**Il s'est fait jeter!** Er hat es so weit getrieben, dass er gefeuert wurde!
die Tür genommen	**Il a pris la porte.** Er hat gekündigt.
sausen lassen	**J'ai tout largué!** Ich habe alles hingeschmissen!

Boulot et dodo

la magouille – die Kungelei

magouiller
rumtricksen / kungeln
C'est la magouille!
Das ist ein einziger Klüngel / Filz!
la combine   *die Kombination*
die Beziehung
faire une combine
eine Beziehung spielen lassen
le piston   *der Kolben*
die Connections / Beziehungen
être pistonné
hochgepuscht werden *(durch Beziehungen)*
distribuer des pots de vin   *Weinkrüge verteilen*
Schmiergelder verteilen

Salut la zone!

Begrüßung

Beim Begrüßen und Verabschieden zeigt sich der wahre Sprachkenner. Hier einige Floskeln, die man unbedingt parat haben sollte:

Salut!	Hallo! Hey!
Coucou!	Hi!
Salut les gars!	Hallo, Jungs!
Salut les mecs!	Hallo, ihr Typen!
Salut les meufs!	Hallo, Leute!
Salut mon vieux / ma vieille!	Hallo, Alter / Alte!
Salut la zone!	Hallo zusammen!
Comment ça va? / Ça va?	Wie geht's, wie steht' s?
Ça boume? / Ça roule?	Alles klar?

Gebiet, Gegend (zu: Salut la zone!)

Rollt es? (zu: Ça roule?)

Antwort:

Ça va!	Alles klar!,
Ça boume! / Ça roule!	Alles easy!

Verabschiedung	
J'y vais!	Ich hau' ab!
Je me sauve!	Ich zisch' ab!
Je me tire!	Ich mach' die Biege!

retten (zu: Je me sauve!)
ziehen (zu: Je me tire!)

Salut la zone!

Je me barre!	Ich verzieh' mich!	*verriegeln*
Je me casse!	Ich verzieh' mich!	*zerbrechen*
Je te laisse! / Salut!	Ich geh' dann jetzt!	

Ciao! / Tchao!	Bye-bye! / Tschüss!
A la prochaine!	Bis demnächst! / Bis bald!
A tout (à l'heure)! / A plus (tard)!	Bis später!

© bacalao, Fotolia.com

Salut la zone!

Rumquatschen

	raconter des salades
	Blödsinn erzählen
Dummheiten	**raconter des conneries**
	dummes Zeug plappern
	causer / papoter / tchatcher
	quatschen / tuscheln / plaudern
	faire la causette
	ein bisschen Small talk machen
radebrechen	**baragouiner**
	rumstammeln *(auch für Ausländer, die die Sprache nicht gut beherrschen)*
die Moll-Tonart auflegen	**mettre des bémols**
	etwas auf dezente Art ausdrücken
	Il en fait tout un plat.
	Er machte daraus ein ganzes Hauptgericht.
	Er lässt sich lang und breit darüber aus.
	Il en sort des vertes et des pas mûres.
	Er holte Grüne und Unreife raus.
	Er redet völlige Scheiße / unreifes Zeug.
	Cause toujours, tu m'intéresses!
	Rede du nur! / Du kannst mir viel erzählen!
	baratiner / faire du baratin
	einen vom Pferd erzählen

Ils sont cool, les ados!

Die Jugend von heute

Eltern, Erzieher, Lehrer oder andere Erwachsene: Wer hautnah mit französischen Jugendlichen im pubertären oder vorpubertären Stadium – den ados – zu tun hat, der muss einige Nachhilfestunden in Jugendslang nehmen, um sie überhaupt sprachlich verstehen zu können, will er den Generationskonflikt auch nur ansatzweise in den Griff bekommen! Sie haben nicht nur ihre eigenen, ganz speziellen Ausdrücke, sondern auch noch die merkwürdige Angewohnheit, häufig die Silben zu verdrehen, typisch für die Sprache des verlan.

les ieufs (les vieux) / les remps (parents) / les darons	die Alten / die Eltern
une iev (vieille)	meine Alte
la reum (mère)	die Mutter
mon iev	mein Alter
le reup / le repe (père)	der Vater
un keum (mec)	ein Typ / Macker
une meuf	eine Frau, ein Mädchen
une gonzesse / une zesgon / une grognasse	eine Zwille / Schnalle / Puppe / Alte

Ils sont cool, les ados!

C'est tip-top! – Das geht super ab!

C'est cool!
Das ist cool! / Gefällt mir gut!

C'est top!
Echt gut! / Super! / Das ist in!

C'est délirant / délire!
Die Totale! / Der absolute Wahnsinn! / Das geht super ab!

s'éclater
total abfahren / super einen draufmachen

C'est pur / big / le kif!
Das ist super! / Genial!

C'est hallucinant!
Absolut genial!

C'est giga!
Gigantisch!

Je trouve ça géant!
Find' ich echt geil!

C'est un plan béton!
Das ist eine tolle Sache!

Uns sind die Sicherungen rausgeflogen.

On a complètement disjoncté!
Wir sind total ausgeklinkt / haben irrsinnig einen draufgemacht!

On s'est complètement défoncé! / Je suis accro!
Ich bin total drauf abgefahren!

partir en piste
in die Disco gehen

se faire un plan dragueur / geudra
Mädchen aufreißen gehen

aller faire la teuf / la java / la riboule
einen drauf machen

Ils sont cool, les ados!

se prendre une boîte / une caisse sich besaufen / sich vollaufen lassen	*sich eine Dose / Kiste nehmen*
avoir les yeux en couilles de pigeon / **les yeux explosés** einen dicken Kopf haben	*Augen wie Taubenhoden / explodierte Augen haben*
avoir la tête dans le cul einen Kater haben	*den Kopf im Arsch haben*
calculer le périmètre de son lit schlafen / im Bett abhängen	*den Umfang seines Bettes berechnen*
une beubon (bombe) / un canon eine Wucht von Mädchen	
Elle est top du top! Die ist absolut super, die Frau!	
Elle est grave, cette meuf! Dieses Girl ist echt stark / echt nervend!	*Echt schlimm, die Frau! (kann bewundernd oder verächtlich gemeint sein)*
se faire un plan TV sich vor die Glotze setzen	
se faire un plan moule sich einen ruhigen Abend zu Hause machen	
C'est zen! Das ist schlicht! / Sieht cool aus!	

C'est hard! – Das macht dich echt fertig!

Il est hard, ce type! Der ist ganz schön fertig!	
Il est hardos! / Il est craignos! / **Il est bizarre! / Il est chelou! (louche)** Der Typ ist echt hart drauf! / Völlig abgefuckt!	louche = *zwielichtig*
Elle est hard, cette musique! Diese Musik fetzt total!	

Ils sont cool, les ados!

	C'est complètement off-road!
	Das ist absolut out!
	C'est boulifiant!
	Total entnervend! / Das ist große Kacke!
	C'est nul à chier (= nullache)!
	Absolute Scheiße!
	C'est grave à la mort! /
	C'est glauque, ce truc! /
	C'est complètement destroy!
	Die Sache sieht ziemlich finster / übel aus!
	C'est la cata! /
	Ça me fait gerber!
	Das ist ja die reinste Katastrophe!
	Ce truc est à baffer!
	Widerlich! / Das ist ja zum Kotzen!
	T'es nul! Du Null!
Du bist ein Fleck!	**Tu fais tache!** Verpiss dich bloß!
Der hält mein Gesicht besetzt!	**Il me squatte la tronche!**
	Der geht mir tierisch auf den Geist!
chou = Kohl	**Il me prend le chou (= la tête)!**
	Der geht mir auf die Eier!
Der pumpt mir die Luft ab!	**Il me pompe l'air!**
	Der geht mir auf den Geist!
Ich habe Hass!	**J'ai de la haine!** Ich bin wütend!
	Ça me gave! Ich kann's nicht mehr ab!
Da hab ich nix zu furzen!	**Je n'en ai rien à péter!**
	Das ist mir scheißegal!
	Quand je suis vénéré (énérvé), je deviens fou!
	Wenn ich wütend bin, raste ich total aus!
	Gare ta teub! Pass bloß auf!
	Ta gueule! Halt die Schnauze!

Ils sont cool, les ados!

une marmite	hässliches Mädchen	*Kessel*
une (nana) racaille	ein vulgäres Mädchen	
un strum / streumon (monstre)	ein Monster *(hässliches Mädchen)*	
un bouffon	ein Idiot / ein Spießer	
un mickey	ein Hampelmann	
un nain	eine Null / blinder Typ	*Zwerg*
thon	Idiot	*Thunfisch*

Flüche & Beschimpfungen

Couille molle!
Weiche Hoden!

Ducon!
von der Fotze

(als ob es ein Nachname wäre)

J'aurais ta gueule à la place de mon cul, j'aurais honte de chier!
Wenn ich deine Fresse als Arsch hätte, würde ich mich schämen zu scheißen!

Momie!
Mumie!

Nique ta mère!
Fick deine Mutter!

T'es mort!
Du bist (so gut wie) tot!

Tu pues du fion!
Du stinkst aus dem Arsch!

Va voir ta mère au zoo!
Besuch deine Mutter im Zoo!

Handicapé de la tronche!
Gesichtsinvalide!

Ils sont cool, les ados!

les ados ... et le sexe!

Stoßdämpfer, Granaten	**les amortisseurs / les obus /**	die Titten
die Airbags	**les doudounes / les airbags**	
	une foune / une foufoune /	die Möse /
	une teuche (chatte) /	die Fotze
touffe = *Haarbüschel*	**une chatoune / une touffe /**	
	une cramouille /	
Torte aus Haaren	**une tarte à poils /**	
abricot = *Aprikose*	**l'abricot / la conasse**	
	le bourgeon / le berlingot	der Kitzler
	une teub (bite) / le chibre /	der Schwanz
une cagoule =	**la quéquette / le bistouri /**	
Sturmhaube (Überkopf-	**le poireau / une cagoule**	
Mütze mit Sehschlitz)		
un imperméable =	**un caoutchouc / une capote /**	der Präser /
wasserdichter	**un imperméable**	der Gummi
Regenmantel		

	accrocher une meuf bei einem Mädchen
	landen / sie heiß auf einen machen
	avoir une ouverture
eine Öffnung haben	gut ankommen bei einer Frau
	chasser la touffe
Haarbüschel jagen	aufreißen / anmachen
	encanailler
	aufreißen und langmachen
küssen	**baiser** bumsen
	faire un câlin
	bumsen (*auch:* schmusen / Küsschen geben)
	éclater le coquillage
	deflorieren / entjungfern
	shek (coucher) avec
	sie langmachen

68 | soixante-huit

Ils sont cool, les ados!

Ficken, Bumsen, Vögeln …

**se la ken (niquer) / tirer sa crampe / tirave /
tirer un coup / se faire une touffe /
tremper sa nouille / noyer Popaul /
bétonner la cave / exploser la foufoune**

*seinen Krampf abziehen
seine Nudel eintunken
seinen Schwanz ertränken
den Keller ausbetonieren
die Möse zum Explodieren bringen*

se dégorger le poireau
sich die Lauchstange entleeren / abfließen lassen
ficken, *auch:* wichsen

Arschficken

**faire la fête à son cul /
décoller la rondelle /
décapsuler l'arrière boutique /
dilater la bague**

*dem Arsch 'ne Fete bereiten
die Ringmuskeln ablösen
das Hinterteil entkorken
den Ring weiten*

faire une fleur
einen blasen, (*auch:* einen Gefallen tun)
se faire confire le gésier
einen abkauen und runterschlucken
**fournir le dentifrice /
lui nettoyer les dents du fond**
sich einen blasen lassen
une touze
Gruppensex-Party
avoir une grosse dimension affective
einen großen Schwanz haben

*eine Blume machen

sich den (Gänse-)Magen
einmachen lassen
die Zahnpasta liefern
ihr die Backenzähne
säubern

eine große Gefühls-
dimension haben*

Ils sont cool, les ados!

	flasher sur un garçon / une fille auf einen Typ / ein Mädchen abfahren
sich den Slip für einen Typen ruinieren	**ruiner sa culotte pour un keum** total auf einen Typen abfahren / heiß sein
sich wegwerfen lassen Harke essen / kassieren Banane aufsammeln	**se faire tej (jeter) / se manger un rateau / se prendre un rateau / se ramasser une banane** sich eine Abfuhr einhandeln

Er hat einen Schwanz da, wo andere ihr Gehirn haben. **Il a une bite à la place du cerveau.** Der hat nichts als Frauen im Sinn / denkt nur an das eine!

Der läuft hinter seinem Schwanz her. **Il marche derrière sa quéquette!** Der ist total auf Möse programmiert!

la cailléra: Jugendbanden im Vorstadtghetto

Es gibt keine größere oder kleinere Stadt in Frankreich, die nicht von dem Phänomen der jugendlichen (Klein-)Kriminalität in den unpersönlichen, größtenteils heruntergekommenen Wohnghettos der Vorstädte betroffen ist, mit ihrem jugendlichen Bandenwesen, den damit einhergehenden Delikten und einer latenten Gewalt, die den Alltag bestimmt. Dies ist im Allgemeinen eine Folge der mangelnden sozialen, wirtschaftlichen und städtebaulichen Integration der dort lebenden Bevölkerung, die sich aus den verschiedensten Nationalitäten zusammensetzt, hauptsächlich aber aus Nordafrikanern, also Arabern

Ils sont cool, les ados!

besteht. Wirtschaftlich und sozial völlig unterprivilegiert, ist dieser inzwischen große Bevölkerungsanteil zu einem allgemein beunruhigenden Faktor angewachsen, der mehrere Ministerien beschäftigt: das für soziale Integration, das für Jugend und Erziehung, für die Éducation Nationale, und natürlich auch das Justiz- und Innenministerium.

In den Vorstädten hat sich ein eigenes Milieu herausgebildet, das seine Unzufriedenheit und seine Diskriminierungserfahrung, seinen Hass und seine Gewalt, aber auch seine Spielregeln und seine Sprache bis ins Herz der französischen Gesellschaft getragen hat und das ein Hort für beunruhigende politische und religiöse Bewegungen geworden ist: ein Bestandteil des französischen Lebens, der im Französischunterricht an deutschen Schulen noch nicht hinlänglich thematisiert und verarbeitet wird.

Hier soll nur ein kurzer, zwangsläufig reduzierter Einblick in eine Sprache gegeben werden, die zu dem Jugendslang aus den vorangehenden Kapiteln eine Ergänzung darstellt und mit ihm völlig verschmilzt. Für die Mehrheit der französischen Jugendlichen ist das hinter dieser Sprache verborgene Phänomen ein – leider trauriger – normaler Bestandteil ihres Alltags in Schule und Freizeit, mit dem sie vertraut, aber von dem sie nicht unbedingt betroffen sind.

Ils sont cool, les ados!

la cailléra (la racaille)	der Auswurf der Gesellschaft, das Pack (*Selbstbezeichnung der halbkriminellen Jugendlichen in den Vorstadtghettos*)
la famille / la tribu	die Bande / die Sippe / der Stamm
le village	heimischer Bezirk / Ghetto
être beau et bad	schön und böse sein
se la jouer cool	immer ganz cool bleiben

le village = *das Dorf*

un reubeu (beur)	ein Araber
un renoi (noir) / un keubla (black) /	ein Schwarzer
une gueule de cramé	

ein verbranntes Gesicht

un babtou	ein (gebürtiger) Franzose
un feuj (juif)	ein Jude
un noich (chinois)	ein Chinese
un manouche	ein Zigeuner
les petits frères	die junge Arabergeneration in den Vorstadtghettos

vom Kolonialausdruck toubab

die kleinen Brüder

mit den Zigeunern rumhängen

traîner avec les gitans
ein ganz Harter / ein Brutalo sein
(*der den Ruf der Zigeuner teilt*)

les sans pitié
die Erbarmungslosen
(*libanesische / tunesische Araber*)

Ils sont cool, les ados!

raffler un zoublon (blouson)	eine Jacke klauen	*von* blouson
le braquage	der Einbruch	
la pointe	der Diebstahl	
un vol à l'arrache	ein Handtaschendiebstahl	
un vol à la tire	ein Autodiebstahl	
un reurti (tireur)	ein Dieb	
tirer	stehlen	
se faire un plan turvoi (voiture)	ein Auto knacken	
le trafic haute gamme façon Mafia	im großen Stil verschieben / dealen	
tourner grand businessman	groß ins Geschäft einsteigen	

C'est un plan kamikaze!
Das ist ja ein selbstmörderisches Unternehmen!

casser	kaputtschlagen
taper	zuschlagen, prügeln
une stombe / une bagarre	eine Schlägerei
Tu veux te faire péfra / frapper?	Sollen wir dich zusammenschlagen?
ratatiner la tronche à quelqu'un	jemandem die Schnauze polieren
bastonner quelqu'un	jm. eine reinhauen
flipper	Schiss haben
avoir un coup de speed	einen Moment lang Schiss haben / einen Adrenalinstoß kriegen

Ils sont cool, les ados!

le zonc	der Knast
faire trois piges	drei Jahre absitzen
T'en veux une / T'as un 'blème?	Willst du Ärger?

die jugendliche Drogenszene & ihre Sprache

	le matos	das Dope
	une beu / beuz / un teuf (shit) / une Sunsea / un kif	Haschisch / Shit / Gras
	une retba (barette)	Haschisch-Päckchen von ca. 2,5 g
Seifenschale	une savonnette	250 g Haschisch
	un tarpé (pétard) / un pétos / un splif / un cône / un joko / un juce / un oinj (joint) / un stick / stickos	ein Joint / ein Stick
	la dreu (poudre)	das Heroin / Schnee
	se crayonner / se faire un shoot	Drogen spritzen
Pumpe	une pepon (pompe) / une shooteuse	eine Spritze
	un ecta / un X	eine Ecstasy-Pille
	croquer / gober	eine Ecstasy-Pille nehmen
Kieselstein	un youka (caillou)	ein Crack-Steinchen
	kifer	kiffen / einen Joint rauchen

Ils sont cool, les ados!

être à l'ouest / défoncé / raide / comaté / dans le cosmos / défait / en apesanteur / dépouillé / comater / se défaire	völlig stoned / auf dem Trip sein	*im Westen sein* *steif sein* *im Koma sein* *aufgelöst* *schwerelos* *von allem entblößt*
se fracasser / être out of Africa / scotché / ruine être raide défoncé / dépouillé / ruiné / raide comme un tacos / planer high in the sky	auf dem Wahnsinnstrip / irrsinnig angetörnt sein auf absolut totalem Wahnsinnstrip / völlig weg sein	*zerschellen* *festgeklebt / ruiniert*
avoir un mauvais film / un flip	einen Horrortrip haben	
une OD	eine Overdose / Überdosis	

© Karin Schewe

Die Sprache, die aus dem Bauch kommt

Die Sprache, die aus dem Bauch kommt
… und manchmal unter die Gürtellinie geht

Das umgangssprachliche Französisch hat eine erstaunliche Auswahl an Ausdrücken, um jemandem seine Abneigung kundzutun, sich abfällig über jemanden oder etwas zu äußern, oder seine Verachtung auszudrücken. Und dies geschieht manchmal auf sehr drastische Weise. Daher sind einige der folgenden Ausdrücke auch nur mit großer Vorsicht zu gebrauchen.

Viel geringer dagegen ist der Wortschatz, wenn es darum geht, seine Sympathie oder Begeisterung über etwas oder jemanden zum Ausdruck zu bringen.

Crevé! – Kaputt!

Besonders viel Auswahl hat man, wenn man ausdrücken will, dass es einem miserabel geht.

J'ai les jambes / le cerveau en compote!
Ich habe Beine / Gehirn aus Kompott.
Ich habe Pudding in den Beinen / im Kopf!

J'ai les jambes coupées!
Meine Beine sind wie abgeschnitten.
Ich bin ganz wackelig auf den Beinen!

Die Sprache, die aus dem Bauch kommt

J'ai les jambes en coton!
Ich habe die Beine aus Baumwolle.
Ich klappe gleich zusammen!

Je suis flagada!
Mir ist ganz flau / mulmig!

Je suis à plat! **Je suis raplaplat!**
Bei mir ist die Luft raus! Ich bin total fertig.

J'ai un coup de pompe!
Ich habe einen Pumpenschlag.
Ich hab' gerade einen Tiefpunkt!

J'ai un coup de barre!
Ich bin plötzlich schrecklich müde!

Je suis crevé! **Je suis vidé!** crevé = *krepiert*
Ich bin kaputt! Ich bin völlig k. o.! vidé = *leer*

Je suis H.S. (hors service) / claqué! claqué = *geklatscht*
Ich bin außer Betrieb.
Ich bin fix und fertig!

Je suis au bout du rouleau!
Ich bin am Ende der Rolle.
Ich bin am Ende meiner Kräfte! /
Ich bin völlig von der Rolle!

Je suis sur les rotules!
Ich bin auf den Kniescheiben.
Ich kann nur noch kriechen.

soixante-dix-sept | 77

Die Sprache, die aus dem Bauch kommt

mort = *tot*

J'en peux plus!
Ich kann nicht mehr!

Je suis mort!
Ich bin völlig geschafft!

Ich krache.

Je craque!
Ich halt's nicht mehr aus! /
Ich breche zusammen!

frousse = *Angst*

J'ai la pétoche / la frousse!
Ich hab' Angst!

J'ai la trouille!
Ich hab' Schiss!

Je me fais du mauvais sang.
Ich mache mir schlechtes Blut.
Ich mach' mir echt Sorgen!

au dodo! – ab ins Bett!	
pioncer	schlafen / pennen
roupiller	ratzen / knacken
piquer un roupillon	wegratzen / ein Schläfchen machen
piquer une somme	sich aufs Ohr hauen
se pieuter	sich in die Falle hauen / poofen gehen
le pieu	die Falle
faire la grasse matinée	sich richtig ausschlafen
se mettre les doigts de pied / les orteils en éventail	sich auf die faule Haut legen

einen fetten Morgen machen die Zehen zum Fächer machen / fächerförmig ausbreiten

Die Sprache, die aus dem Bauch kommt

à l'hosto – krank sein

choper une maladie
sich eine Krankheit holen / krank werden

choper un microbe / virus
sich einen Virus / Bazillus einfangen

Quelqu'un lui a collé une saloperie! *coller = ankleben*
Jemand hat ihn mit irgendeiner Sauerei
angesteckt!

le toubib
der Arzt / der Quacksalber
l'hosto
das Krankenhaus
le billard *der Billardtisch*
der Operationstisch
Il est passé sur le billard!
Er ist auf dem O.P.-Tisch gelandet!
Il péte la forme / le feu!
Er furzt / explodiert vor Kraft / Feuer.
Er strotzt vor Gesundheit!
J'ai la forme!
Mir geht's super!
J'ai la pêche.
Ich habe den Pfirsich / Fischfang!
Ich bin super drauf!
Il est crevé!
Er ist abgekratzt!
Il a passé l'arme à gauche!
Er hat die Waffe nach links weitergereicht.
Er hat den Löffel abgegeben.

Die Sprache, die aus dem Bauch kommt

Il bouffe les pissenlits par la racine.
Er frisst den Löwenzahn von der Wurzel her.
Er guckt sich die Radieschen von unten an.

la flemme! – kein' Bock!
J'ai glandé.
Ich hab' rumgefaulenzt.
J'ai traîné.
Ich hab' rumgehangen.
Il ne branle rien.
Der schafft nichts.
Il ne fout rien.
Der tut überhaupt nichts.
Il ne fiche rien.
Der kriegt nichts geregelt.

Ich habe es gezogen. (J'ai traîné.)

Er wichst nichts. (Il ne branle rien.)

Die Sprache, die aus dem Bauch kommt

Il se les roule.
Er dreht die Daumen.
Er lässt es ganz
ruhig angehen.

Il se la coule douce.
Er lässt es sich sanft fließen.
Der schiebt 'ne ruhige
Kugel.

Il n'en rame pas une.
Er rudert nicht.
Der macht nicht die geringste Anstrengung.

Pénard!
Du Faulenzer!

Veinard!
Du Glückspilz!

Tranquillo!
Immer mit der Ruhe!

Cool! / Relax!
Immer cool bleiben!

C'est un flemmard!
Das ist ein Faulpelz!

J'ai la flemme!
Ich hab' keinen Bock!

Il a une vie pénarde.
Er hat den richtigen Lenz.

Y'a pas le feu!
Da ist kein Feuer!
Lass es langsam angehen! / Immer langsam!

Je m'en fiche / fous.
Es ist mir egal / scheißegal.

J'ai fait ça les doigts dans le nez!
Das habe ich mit den Fingern in der Nase gemacht.
Das habe ich mit links erledigt!

Die Sprache, die aus dem Bauch kommt

C'est la merde! – Alles Scheiße!

Manchmal sind die Dinge ganz schön frustrierend, und man findet wirklich alles zum Kotzen. Die französische Umgangssprache verfügt über eine Reihe von Ausdrücken, um dies recht drastisch mitzuteilen. Eine Möglichkeit, Ausdrücke in ihrer Intensität noch zu verstärken, ist die Wörter vachement *(unheimlich)* oder grave *(schwer)* voranzustellen:

C'est con!	C'est vachement con!
Das ist idiotisch / blöd!	Das ist absolut idiotisch / blöd!

Neuerdings kann man auch mit Silben wie hyper *(übermäßig)* oder super ein Eigenschaftswort steigern, eine weitere Steigerung ist die Bildung mit méga *(Million-)* oder sogar giga *(Milliarden-)*. Diese Ausdrücke haben inzwischen das Verstärkungswort vachement mehr oder weniger ersetzt, zum Beispiel:

C'est nul comme truc.	Das bringt's nicht!
C'est hyper nul!	Das bringt's ja absolut nicht!
C'est méga-mode!	Das ist hyper-modern!
C'est (hyper) chiant, ce truc! 💣	Das ist ja (absolut) beschissen!

Das fürchtet! **Ça craint (vachement)!**
Das macht mich (überhaupt) nicht an!/
Das bringt's (absolut) nicht!

Die Sprache, die aus dem Bauch kommt

C'est craignos! / C'est galère! — *Galeere*
Das ist total nervig!
C'est la merde! 💣
Das ist Scheiße!
C'est de la merde! 💣
Was für ein Scheißzeug!
Je m'emmerde!
Ich find's scheißlangweilig!
La barbe! — *der Bart*
Das ödet mich an!
Ça me dégoûte.
Das schmeckt mir nicht.
Das widert mich an.
Ça me fait chier! 💣
Das macht mich scheißen.
Das kotzt mich an! / Da wird mir schon übel, wenn ich nur daran denke!
C'est chiant. 💣 **/ C'est relou.**
Das ist beschissen!

Die Sprache, die aus dem Bauch kommt

Hölle	**C'est l'enfer!** Das ist ja die Hölle!
einen nervösen Haufen machen	**Je craque! / Je fais un caca nerveux!** Ich halt's nicht aus! / Ich brech' zusammen!
	Ça me prend la tête / teuté. Das halt' ich am Kopf nicht aus! / Das macht mich völlig fertig!
	J'en ai rien à masser! 💣* *Ich hab' da nichts zu massieren.* Da wichs' ich mir einen drauf!
schütteln	**J'en ai rien à branler!** 💣* Da scheiß' ich drauf!
mit Wachs polieren	**J'en ai rien à cirer!** Das ist mir absolut wurscht!
	C'est nase! Das ist kaputt / im Arsch! *(für Sachen)*
Kugeln	**Les boules! / J'ai les boules!** Da kommt mir die Galle hoch!
	Ça me fout les boules! *Das gibt mir die Kugeln.* Das regt mich tierisch auf!

C'est ringard!
Das hat ja so'nen Bart!

C'est du bidon!
Das taugt überhaupt nichts!

C'est le bordel!
Das ist das reine Chaos!

Quelle connerie!
Was für 'n Schwachsinn!

salade = *Salat*
saloperie = *Sauerei*

Quelle salade!
Was für 'ne Bescherung!

Quelle saloperie!
Was für 'ne Scheiße!

Die Sprache, die aus dem Bauch kommt

J'en ai ras le bol! – Schnauze voll!

J'en ai marre.
Ich bin's leid! / Das kotzt mich an!
J'en ai plein le dos!
Jetzt reicht's mir!
J'en ai par-dessus la tête!   *bis über den Kopf*
Mir steht's bis hier! / Ich hab' die Nase voll!
Je ne marche plus!
Ich gehe nicht mehr.
Ohne mich!
Je ne suis pas chaud!
Ich bin nicht heiß.
Das törnt mich nicht an!
J'en ai rien à foutre! 💣
Das kümmert mich einen Dreck!
J'en ai rien à braire.
Ich hab' damit nichts zu iahen (wie ein Esel).
Ich kann's nicht mehr am Kopf haben.
J'en ai plein le cul! 💣   *den Arsch voll*
Ich hab' die Schnauze voll!

Je suis foutu! – Ich bin am Ende!

Ça va mal pour moi!
Es steht schlecht um mich!

Je suis cuit!
Ich bin gekocht!
Ich bin fertig!

Je suis coincé!   *eingekeilt*
Ich bin in die Enge getrieben!

Die Sprache, die aus dem Bauch kommt

Je vais en baver!
Ich werde deswegen sabbern!
Das wird mich teuer zu stehen kommen!

Wenn man aber noch einmal Glück gehabt hat, kann man sagen:

Je m'en suis tiré!
Ich bin noch mal davongekommen!

J'ai du bol! **J'ai du pot!**
Glück gehabt! Schwein gehabt!

veine = Ader **J'ai eu de la veine!** **C'est un vrai veinard!**
Ich hab' Schwein gehabt. Der ist ein richtiger Glückspilz.

Je me suis démerdé(e)!
Ich hab's hingekriegt!

J'ai des ennuis. – Ich hab' Probleme.	
	avoir des emmerdes Ärger haben
große Körner haben	**avoir de gros pépins** dick in der Klemme stecken
heiliger Backtrog	**être dans un sacré pétrin** in der Patsche sitzen
zwischen schönen Bettlaken stecken	**être dans de beaux draps** ganz schön in der Scheiße stecken
	être dans la merde jusqu'au cou bis zum Hals in der Scheiße stecken

86 quatre-vingt-six

Die Sprache, die aus dem Bauch kommt

se faire faire un enfant dans le dos
eine böse Überraschung erleben

sich ein Kind hinter dem Rücken machen lassen

J'en ai pris plein la gueule.
Ich habe die Schnauze voll bekommen.
Ich hab' alles abbekommen.

avoir la poisse – Pech gehabt

Je me suis fait avoir.
Ich hab' mich reinlegen lassen.
se faire rouler
sich aufs Kreuz legen lassen

sich rollen lassen

se faire coincer
sich in die Klemme bringen lassen
se mettre le doigt dans l'œil
sich in etwas unheimlich täuschen

sich den Finger ins Auge stecken

faire une gaffe
einen Schnitzer machen / einen Fehler begehen

gaffe = *Bootshaken*

ne pas avoir de bol / de pot
keine Schnitte haben

keine(n) Schüssel / Topf haben

avoir la poisse
Pech haben
Ça me porte la poisse!
Das bringt mir Unglück!
Ça a foiré! / C'est raté!
Das ist schief gegangen!
J'ai fait chou blanc!
Ich habe Weißkohl gemacht.
Ich habe Mist gebaut!
Ça a mal tourné!
Da ist was schief gelaufen!

Die Sprache, die aus dem Bauch kommt

	C'est tombé à l'eau!
	Das hat nicht geklappt!
	Il y a un truc qui me tracasse / qui me travaille.
	Diese Sache bereitet mir Kopfschmerzen!
sich ficken lassen	**se faire baiser** 💣*
	sich reinlegen lassen
sich Zucker auf dem Rücken zerbrechen lassen	**se faire casser du sucre sur le dos**
	schlecht von sich reden hören

J'ai la scoumoune.
Ich bin vom Pech verfolgt.

Une vraie bête

Starker Typ, tolle Frau

Il / Elle est super!
Echt starker Typ! / Tolle Frau!
Il / Elle est chouette!
Kann ich gut leiden!
Il / Elle est sympa!
Netter Typ! / Nette Frau!
T'es sympa!
Ist echt nett von dir! / Du bist echt nett!
Un vrai pote!
Ein echt guter Kumpel!
Il / Elle est mignon(ne)!
Echt niedlich, der Typ! / Süßes Girl!
Il / Elle est branché(e)!
Er / Sie ist voll drauf!
Il / Elle me branche (bien).
Ich stehe (voll) auf ihn / sie.
Il / Elle est fortiche.
Er / Sie hat echt was drauf!
C'est une vraie bête!
Er / Sie ist ein richtiges Tier.
Der / Die bringt's total!
Il / Elle est futé(e).
Er / Sie ist ein kluges Köpfchen.
Il est malin. / Elle est maligne.
Er / Sie ist ganz schön gerissen.
Il / Elle est débrouillard(e).
Er / Sie kommt gut klar.
Il / Elle se débrouille bien.
Er / Sie kriegt die Sache sauber hin.

Une vraie bête

C'est une grosse tête!
Er ist ein dicker Kopf.
Ein echter Intelligenzbolzen!

stark **Il est fort!**
Der ist echt stark / bringt's gut!

Il / Elle est costaud(e).
Er/sie ist stark gebaut.

Il est baraqué!
Der ist das reinste Muskelpaket.

Il est balaise (balèze)! **Il / Elle pige vite.**
Er ist ein Kraftprotz! Er / Sie kapiert schnell.

spitze, irre, affengeil

Eine ganze Reihe von Ausdrücken können nicht nur für Personen, sondern auch für Dinge verwendet werden:

C'est extra!	Find' ich echt toll!
C'est chouette!	Toll!
C'est superchouette!	Supertoll!
C'est hyperchouette!	Echt wahnsinnig gut!
Super!	Echt super!
C'est super bien!	Echt stark!
C'est hyper / hyper bien!	Das ist ja ultrageil!
C'est cool / hypercool!	Stark! / Saustark!
Das versichert. **Ça assure!**	Das bringt's!

Une vraie bête

C'est le superpied! **Le pied!** *der Fuß*
Rattenscharf! Saustark!

C'est génial! **Ça gaze!**
Absolute Spitze! Da geht die Post ab!

C'est marrant! **C'est rigolo!**
Das ist ja witzig! Scharf!

> **C'est dingue, ce truc!** *verrückt*
> Das ist ja die Wahnsinnssache!
> **La classe! / La grande classe!**
> Das ist ja 'ne Supersache! / Echt Klasse!
> **Tordant!** Da kringelt man sich ja vor Lachen! *krümmend*
> **mort de rire** zum Totlachen
> **Ça boume!** Das haut rein!
> **Ça me branche (bien)!**
> Das macht mich (voll) an!
> **Ça roule comme sur des roulettes.** *Das rollt wie auf*
> Das läuft wie geschmiert. *Rollschuhen.*
> **Ça le fait** Das bringt's! *Das macht's!*

C'est nickel! **Ça marche!** **Ça roule!**
Das ist Nickel! *Das läuft!* *Das rollt!*
Sehr nice! Gebongt! Alles geritzt!

Tout baigne! **Ça promet!**
Alles badet! *Das verspricht!*
Alles läuft wie geschmiert. Kommt gut!

avoir le vent en poupe **C'est good.**
den Wind von hinten haben Das ist gut.
Aufwind haben

quatre-vingt-onze | **91**

Ça va barder!
Streit & Anmache

In zwischenmenschlichen Beziehungen gibt es immer wieder Spannungen. Ob man allerdings gleich mit dem folgenden Vokabular einsteigen sollte, ist fraglich. Trotzdem, es ist vielleicht ganz gut, sein Gegenüber zu verstehen – damit man weiß, wann man die Biege machen muss!

jemandem etw. wollen	**en vouloir à quelqu'un (Il m'en veut.)**
	jemandem was anhängen
	une engueulade
	das Anschreien / Rumschreien
	(s')engueuler
	(sich) anschreien
	chialer
	rumheulen / flennen
(sich) die Schnauze machen	**(se) faire la gueule**
	jemandem / sich gegenseitig die kalte Schulter zeigen
	pester
	rumkeifen *(meist nur auf Frauen angewandt)*
die Pest	**une peste 💣 / C'est une vraie peste. 💣**
	Nerverin / Nervensäge
von schlechtem Haar sein	**être de mauvais poil**
	schlechter Laune sein
	être mal luné
	schlechter Laune sein
Geschichten machen	**faire des histoires**
	Schwierigkeiten / Ärger machen

Ça va barder!

une baffe / une claque
eine Ohrfeige
donner une raclée à qn
jemandem eine Tracht Prügel / eine Abreibung verpassen
se bagarrer avec qn
sich mit jemandem prügeln / schlagen
la bagarre
Prügelei / Schlägerei
bousiller qn (Il l'a bousillé.)
jemanden zusammenschlagen
rouspéter / râler
rumschnauzen
moufter / broncher
die Schnauze aufmachen / protestieren
Je ne peux plus le saquer / sentir!
Ich kann ihn nicht mehr ausstehen.
Ça va barder!
Gleich geht's rund!
se bouffer le nez
sich gegenseitig anmachen / sich streiten
Des claques! / Des baffes!
Einen in die Fresse! / Hau ihm eine runter!
(je nach Zusammenhang mehr oder weniger drastisch gemeint)
Tu vas t'en ramasser une!
Du fängst dir gleich eine ein!
Tu me soûles! 💣
Laber mich nicht voll!
Ça me broute! 💣
Das macht mich wahnsinnig!
Ça m'énerve!
Das nervt mich!

Du machst mich besoffen!

Ça va barder!

faire sortir qn de ses gonds
jemanden zum Aus-der-Haut-Fahren bringen

Il y a le torchon qui brûle!
Da brennt das Geschirrtuch!
Da gibt's Ärger!

Il y a de l'eau dans le gaz!
Da ist Wasser in der Gasleitung!
Der geht gleich in die Luft!

foutre une claque à qn 💣
jemandem eine runterhauen

casser la gueule à qn 💣
jemandem die Fresse polieren

se foutre de la gueule de qn
jemanden verarschen

faire la gueule
eine Schnute ziehen / beleidigt sein

Il ne faut pas tirer sur les ambulances!
Man darf nicht auf die Krankenwagen schießen.
Der Typ ist sowieso fertig!

Tu (me) cherches la merde?
Suchst du Ärger? / Willst du mich anmachen?

Hau bloß ab!

Fiche-moi la paix! / Fous-moi la paix!
Lass mich in Frieden!

Dégage! / Du vent! / Du balai! / Casse-toi! / Barre-toi! / Tire-toi!
Verpiss dich! / Mach die Biege!

Ça va barder!

Lâche-moi les baskets!
Lass meine Turnschuhe!
Lass mich in Ruhe!

Va voir si j'y suis!
Sieh nach, ob ich dort bin!
Lass mich bloß in Ruhe! / Hau bloß ab!

Tu me pompes l'air!
Du nimmst mir die Luft weg!
Du gehst mir auf den Geist!

Tu me tapes sur les nerfs!
Du haust mir auf die Nerven!
Du gehst mir auf die Nerven!

Tu me casses les pieds!
Du machst mir die Füße kaputt!
Ich gehst mir auf den Senkel!

T'es un casse-pieds!
Du bist eine Nervensäge!

Va te faire foutre! 💣 / **Va te faire voir!**
Verzieh dich! / Zieh Leine!

Ta gueule! / Ferme-la! 💣 / **Écrase!**
Halt die Klappe! / Halt deine Schnauze!

Tu me fais chier! 💣
Du machst mich scheißen!
Du kotzt mich an!

quatre-vingt-quinze | 95

Ça va barder!

Tu m'emmerdes! 💣
Du Arschloch!

Va te faire enculer! 💣
Lass dich in den Arsch ficken!
Fick dich doch selbst! / Arschficker!

Tu me casses les couilles! 💣
Du machst mir die Eier (Hoden) kaputt!
Du gehst mir auf die Eier!

Ça me pète le couilles!
Das zerplatzt mir die Eier (Hoden)!
Das geht mir tierisch auf den Sack!

Tu me les gonfles!
Du bläst sie mir auf! (die Eier)
Du gehst mir auf den Sack!

Tu me pelles le jonc! 💣
Du schälst mir den Schwanz!
Du kannst mich mal am Arsch lecken!

Il est niais
Beleidigungen & Schimpfwörter

Mit diesen Ausdrücken kann man auf drastische Weise zu verstehen geben, was man von seinen lieben Mitmenschen hält. Man kann es ihnen direkt sagen oder aber jedem, der daran interessiert ist (oder auch nicht). Eines ist allen gemeinsam: Besser, man versteht die folgenden Ausdrücke, als dass man sie jemand anderem zu verstehen gibt!

Il / Elle n'est pas très futé(e)!
Er / Sie ist nicht gerade eine(r) der Intelligentesten.

Il / Elle n'est pas très fu(te)-fute.
Er / Sie ist nicht ganz klar im Kopf.

Il / Elle est benêt.
Er / Sie ist ein Dummkopf.
Er / Sie hat einen Sockenschuss.

Il / Elle est barjot / bargeot.
Er / Sie hat 'nen Schlag in der Pfanne.

Il / Elle est cinglé(e).
Er / Sie ist nicht ganz dicht im Kopf.

Il / Elle est taré(e).
Er / Sie ist beschädigt.
Er / Sie hat 'ne Macke.

Elle est nunuche.
Sie ist völlig bescheuert.

Il est niais!
Er ist völlig dösig / doof!

Il est niais

dalle = *Fliese*	**Il / Elle comprend que dalle.**
	Er / Sie versteht nicht die Bohne!
Ihm fehlt ein Feld.	**Il lui manque une case.**
	Er hat nicht alle Tassen im Schrank.
Ihm fehlt ein Bolzen.	**Il lui manque un boulon.**
	Der hat 'ne Schraube locker.
Das ist eine richtige Birne!	**C'est une vraie poire!**
	Was ist das bloß für ein Schwachkopf / Naivling!
Er ist ist nicht klar!	**Il n'est pas clair!**
	Der ist nicht ganz klar in der Birne!
Er / Sie druckt nicht	**Il / Elle n'imprime pas**
	Er / Sie kapiert nicht

© Gabriele Kalmbach

Il est niais

Il / Elle est (complètement) nul(le)!	*Er / Sie ist eine*
Der / Die ist eine (absolute) Null!	*komplette Null!*
Il / Elle déconne! 💣	
Er / Sie spinnt total.	
Il / Elle est vraiment gonflé(e)!	*Er / Sie ist wirklich*
Der / Die geht wirklich zu weit!	*aufgeblasen.*
Il / Elle est con(ne) comme tout! 💣	
Er / Sie ist so doof, dass es nicht zum Aushalten ist!	
Il m'emmerde avec ses trucs à la con! 💣	
Der geht mir echt auf die Eier mit seinem Scheiß!	
C'est un frimeur! / Quel frimeur!	*Schwindler*
Was für ein Angeber / Lackaffe / Motzkopf!	
Ça frime!	
Alles nur Show!	

Natürlich ist auch das Äußere ein beliebter Anlass zum Spott:

Il / Elle est moche comme tout!	
Er / Sie ist abartig hässlich!	
C'est un boudin! 💣	*Blutwurst*
Die ist wirklich das Gegenteil von Schönheit!	
Il / Elle est dégueulasse! 💣	
Er / Sie ist absolut widerlich / abstoßend!	
Quelle truie! 💣	
Was für eine Drecksau! *(für Frauen)*	
Quel porc! 💣	
Was für ein Dreckschwein! *(für Männer)*	
Il / Elle est con comme un balai! 💣	*Er / Sie ist so dumm*
Er / Sie ist so doof wie Bohnenstroh!	*wie ein Besen!*

Il est niais

schwachsinnig	**T'es débile! / T'es deb' comme mec!** 💣
	Du bist ja völlig bescheuert, Typ!
eingefroren	**Il est complètement taré / gelé, ce mec!**
	Der Typ spinnt ja völlig!
Er furzt höher als sein Arsch.	**Il pète plus haut que son cul.** 💣
	Der überschätzt sich ganz schön.

Wer ganz beleidigend oder wirklich ausfallend werden will, bedient sich der folgenden Vokabeln (aber Vorsicht!):

Pauvre con / connasse! 💣
Du Idiot!
Fumier! / Connard! / Salaud! 💣
Blöder Kerl! / Saukerl! / Miststück!
Espèce de salaud / salopard / con! 💣
Scheißtyp!
Connasse! / Salope! / Pétasse!
Dumme Kuh! / Miststück! / Arschloch! *(für Frauen)*
Espèce de salope / connasse! 💣
Miststück!
Espèce de pute! / Pute! 💣
Fotze!
Espèce de pourri! 💣
Du stinkendes Miststück! / Stück Scheiße!

verfault	**Enfoiré / Trou du cul!** 💣
	Arschloch! *(eher für Männer)*
	Traînée! 💣
	Schlampe!
	Merdeux! / Merdeuse!
	Scheißkerl! / Scheißtusse!

Il est niais

Il / Elle est con(ne) comme ses pieds! 🎱
Er / Sie ist so dumm wie seine / ihre Füße!
Er / Sie ist saudumm!

**C'est un emmerdeur / -euse
comme c'est pas possible!** 🎱
Der / Die geht mir absolut auf den Keks!

Faire un mimi

Zwischengeschlechtliches

Das ist natürlich ein höchst interessantes Gebiet. Und wie bei allem, was tabuisiert, anrüchig oder auch nur pikant ist, gibt es hier eine wahre Fundgrube von Slang- und Szeneausdrücken. Der Witz bei der Sache ist natürlich, dass man nicht jeden Ausdruck in jeder Situation und vor allen Dingen nicht unbedingt gegenüber dem anderen Geschlecht anwenden kann.

Einige Ausdrücke sind recht zotig, und nicht unbedingt zum aktiven Gebrauch gedacht. In der deutschen Übersetzung habe ich versucht, möglichst adäquate Ausdrücke zu finden; man erschrecke also nicht über vulgäre Begriffe. Die üblichsten Ausdrücke habe ich unterstrichen.

le mec – der Macker

le type / le mec	der Typ
le gugus / le gus	der Kerl
le gosse	das Bürschchen
le garçon	junger, unverheirateter Mann / der Junge
le morveux	die Rotznase
le gros	Dickerchen

la nana – das Mädchen

la gonzesse / la nana	Mädchen / Frau
la môme	Süße / Kleine
la nénette	Biene
la vieille	Alte
la poule	das Hühnchen
la grosse	Dicke

Faire un mimi

la minette	Mieze	
la cocotte 💣	Nutte / Mäuschen *(je nachdem)*	*Dirne*
la greluche 💣	Mieze	
la meuf 💣	Schickse	
la pisseuse 💣	Möse	*Pisserin*

© Gabriele Kalmbach

se câliner – schmusen

Elementar beim Anmachen und Turteln sind die richtigen Worte fürs Liebesgeflüster. Hier eine Auswahl der gebräuchlichsten:

mon / ma chéri(e)	mein Liebling *(m/w)*	
mon amour	meine Liebe	
ma puce / pupuce	mein Floh / Flöhchen	
ma biche	mein Reh	*Hirschkuh*
mon lapin	mein Kaninchen	
ma poupée	meine Puppe	
ma douce	meine Sanfte	
mon canard	mein Erpel	
mon canard en sucre	mein Zuckererpel	
mon nounours	mein Bärchen	

cent trois | **103**

Faire un mimi

ma petite chatte	meine kleine Katze
mon chou(chou)	mein Kohlkopf
mon trésor	mein Schatz
Coquin! / Coquine!	Schuft! / Schelm(in)!
Il est câlin.	Er schmust gerne.
Elle est câline.	Sie ist eine Schmusekatze.
se câliner	schmusen
faire un mimi / faire un bisou / faire des papouilles	Küsschen geben
se bécoter	knutschen / sich küssen

la drague – die Anmache

Alle zwischengeschlechtlichen Beziehungen beginnen beim Flirt: Anmachen und angemacht werden ist angesagt!

Il / Elle m'a tapé dans l'œil.
Er / Sie hat mir ins Auge gehauen.
Er / Sie ist mir aufgefallen.

C'est le coup de foudre!
Das ist der Blitzschlag!
Das ist Liebe auf den ersten Blick.

trouver chaussure à son pied
einen Schuh für seinen Fuß finden
jemand Passenden aufreißen

draguer   **roucouler**
anmachen   flirten / turteln

Faire un mimi

Il / Elle l'a dragué(e).	
Er / Sie hat sie / ihn angemacht.	
Il / Elle l'a branché(e)!	
Er / Sie hat's klargemacht.	
avoir la (super)cote	cote = *Tageskurs (einer Aktie)*
eine Schnitte / einen Stein im Brett haben	
Il / Elle a un ticket avec lui.	
Er / Sie hat ihn / sie schwer beeindruckt.	
Il / Elle a un ticket d'enfer.	*Eintrittskarte*
Er / Sie hat Feuer gefangen.	
Je l'ai dans la peau.	*Eintrittskarte zur Hölle*
Ich habe ihn / sie in der Haut.	
Er / Sie geht mir nicht aus dem Kopf.	
Il / Elle m'a embobiné(e).	
Er / Sie hat mich eingewickelt.	
Er / Sie hat mich bezirzt.	
faire un câlin	
knutschen	
se faire un plan câlin	
sich abknutschen / zärtlich zueinander sein	

Aber der Flirt kann auch schlecht ausgehen:

Il / Elle m'a posé un lapin.
Er / Sie hat mir ein Kaninchen gegeben.
Er / Sie hat mich versetzt.
Il / Elle m'a laissé(e) tomber. /
Il / Elle m'a jeté(e).
Er / Sie hat mich versetzt.
Il / Elle m'a laissé(e) en rade.
Er / Sie hat mich an Ankerplatz gelassen.
Er / Sie hat mich versetzt.

Faire un mimi

Il / Elle a filé.
Er / Sie hat die Biege gemacht.
Il / Elle a foutu le camp.
Er / Sie ist abgehauen.
Il / Elle s'est barré(e).
Er / Sie hat sich verpisst.
Il / Elle l'a plaqué(e).
Er hat sie / Sie hat ihn (mit einer / m anderen) verlassen.

Körperliches

Tja, wenn es mit der Partnersuche geklappt hat, dann wird's ernst: Wie die „Dinge" des Begehrens benennen? Fangen wir mit einigen unverfänglichen Körperteilen an, quasi zum Aufwärmen:

	la tronche	das Gesicht
	la gueule	die Fresse
	la figure	die Visage
	les babines	die Lippen
	les tif	die Matte *(Haare)*
	le pif	der Zinken *(Nase)*
	les pattes	die Pfoten *(Hände)*
	les panards	die Quadratlatschen *(Füße)*
	le bide	der Wanst
	le bidon	die Plauze *(Bauch)*
die Karosserie	le châssis	Körper einer Frau

Elle a le feu au cul. 💣
Sie hat Feuer im Arsch.
Die Frau ist echt geil / heiß drauf!

Faire un mimi

Il / Elle est bien balancé(e).
Der / Die sieht stark / super aus.

Il est balèze!
Er hat 'nen muskulösen Körper!

Il a des tablettes de chocolat. *Schokoladentafeln*
Er hat einen Waschbrettbauch

Elle est canon!   **Il est nainbus!**
Die ist Kanone!   *Er ist zwergenhaft.*
Die sieht super aus! Der ist winzig!

Il a de la brioche / du bide. brioche = *Milchbrötchen*
Er hat einen Speckbauch.

C'est une grande asperge! *Spargel*
Der / Die ist eine lange Bohnenstange!

C'est une grande bringue!
Die ist eine lange Latte! *(nur für Frauen)*

Il est mal foutu(e). *verpfuscht*
Der hat einen völlig verbauten Körper!

cent sept 107

Faire un mimi

So, das soll reichen. Viel interessanter sind ja die Geschlechtsteile. Beginnen wir mit denen des Mannes. Da gibt es so viele Bezeichnungen, dass man Seiten damit füllen könnte. Eine davon ist allgemein so bekannt geworden, nämlich durch ein Chanson, in dem Pierre Perret liebevoll den zizi besingt.

Die folgenden Bezeichnungen sind einige Varianten für „Pimmel", „Schwanz", „Zipfelchen", und was es sonst noch für Ausdrücke für den Penis geben mag. Die am meisten gebräuchlichen sind wieder unterstrichen, die ganz vulgären mit „Bömbchen" (💣) versehen:

der Spargel	l'asperge / le braquemart / la biroute /
der Stachel	le dard /
die Maschine	l'engin / la quéquette /
Zipfelchen	le zizi / le popaul /
Zigarre mit Schnurrbart	le cigare à moustaches /
	la bite 💣 / le jonc 💣 /
der Knoten	le nœud 💣 / la pine 💣 /
der Schwanz	la queue 💣 / le zob 💣

Faire un mimi

Ausdrücke für „Eier", „Sack" usw. = Hoden:

les boules /	die Kugeln
les bijoux de familles / les baloches /	der Familienschmuck
les noix / les noisettes /	die Nüsse / Haselnüsse
les olives /	die Oliven
les précieuses / les roubignolles /	die Wertvollen
les valseuses / les roupettes /	die Walzertanzenden
les burettes 💣 /	Ölkanne
les burnes 💣 / les couilles 💣 /	
les bourses	Geldbeutel

Was die Geschlechtsteile der Frau betrifft, so gibt es auch eine große Auswahl für „Möse", „Fotze" und andere deutsche Bezeichnungen:

la figue / la minette /	die Feige / die Mine
le minou / la moule /	die Möse / die Muschel
le panier / la pâquerette /	der Korb / das Gänseblümchen
la craquette /	
la chatte 💣 / le con 💣 /	die Katze / die Fotze
la motte 💣	der Butterklumpen

Ausdrücke für Brüste:

les tétons /	Brüste
les boîtes à lait 💣 /	Milchbüchsen
les nibards / les lolos 💣 /	lolo = Milch
les roberts / les roploplots /	
les niches 💣 / les nénés /	Titten
les mandarines / les nichons /	
les joyeuses	die Fröhlichen

Faire un mimi

Auch Hintern und Anus (bei Mann und Frau gibt's da keinen Unterschied!) zählen zum Bereich der erogenen Zonen, zumindest wenn es nach der Reichhaltigkeit der Ausdrucksvarianten geht:

Ausdrücke für den Po:

Hinterbacken /
die Brotlaibe
Kanonenschlag / Popo
die Kruppe / Arsch

**les fesses / le derrière /
le derche / les miches /
le croupion / le panier /
le pétard / le popotin /
la croupe 💣 / le cul 💣**

Ausdrücke für das Arschloch:

die Zwiebel / die Nelke
die Pastille / die Wurstscheibe
das Kugelloch / Arschloch
Künstlereingang

**le troufignon /
l'oignon 💣 / l'œillet 💣 /
la pastille 💣 / la rondelle 💣 /
le trou de balle / le trou du cul 💣 /
l'entrée des artistes 💣**

Für das, was sich in diesen Zonen abspielen kann, gibt es eine ganze Bandbreite von Spielarten, die mit ebensovielen Begriffsvarianten belegt werden können.

Elle me fait bander!
Sie macht mich total heiß / geil!

Je bande pour elle!
Ich bin geil auf sie!

Faire un mimi

tripoter
befummeln

peloter
begrapschen

rouler un patin / une pelle
einen Zungenkuss geben

Je bande! 💣
Ich hab 'nen Steifen!

Je bande comme un taureau / turc! 💣   *wie ein Stier / Türke*
Ich hab 'ne tierische Latte!

Je mouille! 💣   **Je mouille pour lui!** 💣
Ich werde nass!   *Ich werde nass für ihn!*
Ich bin ganz feucht!   Ich bin geil auf ihn!

Il me fait mouiller! 💣
Er lässt mich nass werden.
Er macht mich geil!

cent onze | 111

Faire un mimi

So, und nun das Unvermeidliche, Ausdrücke für den Geschlechtsverkehr:

Bumsen	
s'envoyer en l'air	sich in die Luft schicken
s'envoyer au plafond	sich an die Decke schicken
faire une partie de jambes en l'air	eine Partie „Beine in der Luft" spielen
baiser qn 💣*	(nicht zu verwechseln mit le baiser = der Kuss!)
sauter qn 💣*	springen
se l'envoyer 💣*	sich ihn / sie zu Gemüte führen
bourrer 💣*	stopfen
niquer 💣*	ficken
se la / le taper	sie / ihn sich vornehmen
se la / le faire 💣*	sie / ihn sich machen
se faire mettre 💣*	sich flachlegen lassen (Frau)
bombarder	bombardieren
prendre son pied	seinen Fuß nehmen

	décalotter	die Vorhaut zurückstreifen
	le foutre	Sperma
	juter 💣*	(ab)spritzen
	le jute 💣*	Sperma
Saft	la mouille 💣*	Mösensaft
	la capote / la cagoule	Kondom / Präser

Faire un mimi

Einige technische Varianten:

Fellatio

faire / tailler une pipe / sucer / pomper le dard / le nœud ⬤ / faire un pompier / un pomplard ⬤	*eine Pfeife machen / schnitzen / lutschen / den Schwanz pumpen / einen Feuerwehrmann machen*

Cunnilingus

faire minette / manger / bouffer le con ⬤ / lécher le con ⬤ / brouter	*die Muschi essen / lecken*

enculer ⬤ / l'enculeur arschficken / Arschficker **tourner la page** von hinten nehmen **faire une partouze / partouzer** Rudelbumsen **faire une partie carrée** Gruppensex machen **prendre son pied** einen Orgasmus haben	*die Seite wenden (umblättern)* *eine Partie zu viert machen*

Nun, das soll reichen. Weiter geht's mit Ausdrücken für die Selbstbefriedigung:

la veuve Poignet
die Witwe „Handgelenk"
das Wichsen
se caresser l'asperge ⬤
den Spargel streicheln
wichsen *(Männer)*

Faire un mimi

sich die Säule schlagen	**se taper la colonne** 💣
	wichsen *(Männer)*
den Knopf polieren	**(s')astiquer (le bouton)** 💣
	wichsen *(Frauen)*
	(se) branler 💣 **/ faire la branlette** 💣
	wichsen *(Mann / Frau)*
sich die Nudel schütteln	**se branler la nouille**
	sich einen runterholen
	se finir à la main
	es sich mit der Hand machen

Sollte das gleiche Spiel zwischen gleichgeschlechtlichen Partnern ablaufen, dann kann folgendes Vokabular zum Einsatz kommen:

Il a viré sa cuti!
Er ist beim Impftest negativ geworden!
Er hat zum anderen Ufer gewechselt!

le pédé	der Homosexuelle
le pédéraste	der Schwule

die Tante	**la tante**	die Tunte
	la tantouse	die Schwuchtel
	le travello	der Transvestit

Il marche à voile et à vapeur!
Er läuft mit Segeln und Dampf.
Der ist bi(sexuell).

la lesbienne	Lesbierin
une gouine	eine Lesbe

Faire un mimi

negative Begleiterscheinungen

Il / Elle a des valises sous les yeux!
Er / Sie hat Koffer unter den Augen.
Er / Sie hat Ränder unter den Augen!
Il / Elle a pris un coup de vieux!
Er / Sie ist plötzlich um einen Schlag gealtert!
Il / Elle a vingt / trente ans bien sonnés!
Er / Sie hat 20 / 30 gut geschlagene Jahre!
Er / Sie sieht ganz schön alt aus für seine /
 ihre zwanzig / dreißig Jahre!
Elle a déjà des heures de vol!
Die hat schon viele Flugstunden hinter sich!
Die treibt's schon lange!
Elle a bien donné d'elle-même! 💣
Die hat schon viel von sich gegeben.
Die ist ja schon ganz schön verlebt!
**Ça fait longtemps qu'elle s'envoie
 des types!** 💣
Die bumst schon seit langem mit Typen rum!
Beaucoup lui sont passés dessus. 💣
Die hat schon viele drübergelassen.
J'ai la bite en feu! 💣
Mein Schwanz brennt wie Feuer!
Il / Elle a chopé une saloperie!
Er / Sie hat sich eine Geschlechtskrankheit
 zugezogen!
C'est un vrai train de marchandises!
Sie ist ein echter Güterzug!
C'est un véritable garage à bite!
Sie ist ein echter Schwanzparkplatz!

Literaturempfehlungen

Abschließend sei noch auf einige nicht-wissenschaftliche Bücher zur französischen Umgangssprache und dem argot hingewiesen:

Phrases de tous les jours – Sätze aus dem Alltagsgespräch, Deutsch–Französisch. Von Hahn & Gaudry, Hueber Verlag.

Le français avec les Frustrés. Ein Comic-Sprachhelfer. Von Claire Brétecher, Isabelle Jue & Nicole Zimmermann, rororo Sprachen.

Die hier aufgeführten Bücher / Schriften sind nicht über den Reise Know-How Verlag erhältlich.

Ne mâche pas tes mots! Nimm kein Blatt vor den Mund! Französische Redensarten und ihre deutschen Pendants. rororo Spachbuch. Von M.-Th. Pignolo & H.-G. Heuber.

1000 französische Redensarten. Langenscheidt. Enthält viele Redensarten und noch mehr Redewendungen, die im Alltag vorkommen. Lustige Aufmachung, gute Einbettung in sprachliche Zusammenhänge, gute Erklärungen.

Dictionnaire du français argotique et populaire. Von François Caradec. Taschenausgabe, Larousse / CVK.

Die größte Fundgrube für französischen Slang und umgangssprachliche Ausdrücke sind aber folgende Comics (für Erwachsene!), die man an fast jedem Kiosk in Frankreich kaufen kann: **Métal Hurlant, Pilote, Mensual Charlie, L'Echo des Savanes, Circus** *u. a.*

Humorvolles aus dem
Reise Know-How Verlag

Die Fremdenversteher
Deutsche Ausgabe der englischen Xenophobe's® Guides.

**Amüsant und sachkundig.
Locker und heiter.
Ironisch und feinsinnig.**

Mit typisch britischem Humor werden Lebensumstände, Psyche, Stärken und Schwächen der Franzosen unter die Lupe genommen.

Die Fremdenversteher
Weitere Titel der Reihe: So sind sie, die ...

- **Amerikaner**
- **Australier**
- **Belgier**
- **Deutschen**
- **Engländer**
- **Isländer**
- **Italiener**
- **Japaner**
- **Niederländer**
- **Österreicher**
- **Polen**
- **Schweden**
- **Schweizer**
- **Spanier**

Je 108 Seiten | € 8,90 [D]

www.reise-know-how.de

Wortregister

Hier sind fast alle Stichwörter, die in diesem Buch vorkommen, noch einmal in alphabetischer Reihenfolge zusammengefasst. Dahinter steht die Seite, auf der das Wort zu finden ist.

A

abricot 68
accro 64
accrocher 68
acide 51
ado 20, 63
affaires 56
air 66, 112
airbag 68
aire d'autoroute 23
Allô Stop 24
ambulance 94
amerloque 48
amortisseur 68
amour 103
amuse-gueule 38
angliche 48
apéro 30, 31
apesanteur 75
ardoise 44
arme 79
arrière boutique 69
arrondir 57
asperge 107, 108, 113
assure 90
astiquer 114
autostop 24
autostoppeur 24

B

babacool 47
babine 106
babtou 72
bac 20
baffe 93
baffer 66
bâfrer 40
bagarre 73, 93
bagarrer 93
bagnole 25
bague 69
baigner 91
baiser 68, 88, 112
baladeur 18
balai 94, 99
balaise 90
balancé 107
balèze 90, 107
balle 45, 110
ballon 31
baloche 109
banane 70
bande dessinée 53
bander 110, 111
banlieue 23, 27
bar 31, 41
baragouiner 62
baraqué 90
baratin 62
baratiner 62
barbe 83
barder 93, 94, 95, 96
barette 74
bargeot 97
barjot 97
barre 77
barrer 61, 94, 106
basket 95
bastonner 73
baver 86
b.d. 53
beau et bad 72
beauf 47
bécane 25
bécoter 104
belledoche 47
bémols 62
benêt 97
berlingot 68
bête 89
béton 21, 64
bétonner 69
beu 51, 74
beubon 65
beur 48, 72
beurette 47
beuz 74
bic 48
biche 103
bicot 48
bide 106, 107
bidon 84, 106

118 | cent dix-huit

Wortregister

bidonville 23
bifton 44
big 64
bigo 53
bigophoner 53
bijoux de familles 109
billard 79
bille 34
billet 27
biroute 108
bisou 104
bistouri 68
bistro 30, 31
bite 68, 70, 108, 115
biture 33
bizarre 65
black 48, 72
blanc 31, 87
blé 42
bléca 21
bled 24
blème 74
blonde 31
blouson noir 50
boche 48
bois 44, 57
boîte 30, 56, 65, 109
bol 85, 86, 87
bombarder 112
bombe 65
bordel 30, 84
borne 26
bosser 56
bouchon 22
boudin 99
bouffe 38
bouffer 38, 80, 93, 113
bouffon 47, 67
bougnoul 48
boule 84, 109

boulifiant 66
boulon 98
boulot 56
boumer 60, 91
bouquin 53
bourgeon 68
bourre 57
bourré 33
bourrer 31, 112
bourse 109
bousiller 93
bout 77
bouton 114
braire 85
branché 11, 21, 47, 89
brancher 91, 105
branler 80, 84, 114
branlette 114
braquage 73
braquemart 108
bras 44, 56
bretelles 58
briefing 18
bringue 29, 107
bringuer 29
brioche 107
bro 47
broncher 93
bronze 36
bronzé 48
brosser 57
brousse 24
brouter 93, 113
brûler 26, 94
brune 31
bûche 34
burette 109
burne 109
businessman 73
buvette 31

c

ça va 60
câblé 21
caca 35, 84
cagoule 68, 112
caillèra 49, 72
caillou 74
caisse 25, 36, 65
calculer 65
câlin 68, 104, 105
câliner 104
came 51
camé 51
camp 106
canard 53, 103
cancre 58
canon 31, 65, 107
caoutchouc 68
capote 68, 112
carafe 39
caresser 113
carrée 113
case 98
casse 50
casse-pieds 95
casser 34, 38, 61, 73, 88, 94, 95, 96
cata 66
causer 62
causette 62
cave 69
centre(-ville) 23
cerveau 70, 76
chaîne 52
champignon 26
changer 35
charger 33
chasser 68

cent dix-neuf | **119**

Wortregister

châssis 106
chater 53
chatoune 68
chatte 68, 104, 109
chaud 85
chaussure 104
chébran 21
chelou 65
chèque en blanc 44
chèque en bois 44
chercher 94
chéri 103
chialer 92
chiant 82, 83
chiasse 36
chibre 68
chier 35, 66, 67, 83, 95
chinetoque 48
chiottes 36
chocolat 107
choper 27, 79, 115
chou 66, 87, 104
chouette 89, 90
ciao 61
cigare à moustaches 108
ciné 20, 30
cinglé 97
cinoche 30
cirer 84
clair 98
claque 93, 94
claqué 77
claquer 45
classe 91
cloche 50
clodo 20, 50
clope 13
clou 25
cocotte 103
coincer 85, 87

coke 51
col 31
coller 79
colonne 114
comater 75
combine 59
comme tout 99
composter 27
compote 76
comptoir 31
con 82, 99, 100, 101, 109, 113
conasse 68
cône 74
confire 69
connard 100
connasse 100
connerie 62, 84
cool 17, 64, 72, 81, 90
copain 46
copine 46
coquillage 68
coquin 104
cosmos 75
costaud 90
cote 105
coton 77
cou 86
couchette 27
coucou 60
couille 65, 67, 96, 109
couillon 47
couler 36, 81
coup 31, 69, 73, 77, 115
coup de foudre 104
coup de turlu 53
couper 76
courante 36
craignos 65, 83
craindre 82

cramé 72
cramouille 68
crampe 69
craquer 78, 84
craquette 109
cravate 31
crayonner 74
crèche 28
crécher 28
créneau 26
crevé 77, 79
criser 57
croisement 23
croquer 74
croupe 110
croupion 110
croûte 38
cuit 85
cuite 33, 34
cul 65, 67, 69, 85, 100, 106, 110
culotte 70
cuti 114

D

dalle 37, 44, 98
dame-pipi 35
danser 30
dard 108, 113
darons 63
dealer 51
deb' 100
débile 100
déborder 56
déboussolé 34
débrouillard 89
débrouiller 29, 89
déca 40
décalotter 112

Wortregister

décapsuler 69
dèche 45
déchirer 30
décoller 69
déconner 99
défaire 75
défait 75
défoncé 33, 75
défoncer 64
dégager 94
dégorger 69
dégoûter 83
dégueulasse 99
délirant 64
délire 64
démerder 29, 86
demi 31
dent 56
dentifrice 69
dents du fond 69
dépouillé 75
derche 110
derrière 110
destroy 66
deudeuche 25
déviation 24
dico 20
dilater 69
dimension affective 69
dingue 47, 91
disjoncter 64
distingué 32
distribuer 59
D.J. 17
dodo 78
doigt 78, 81, 87
donner 115
dope 51, 74
dos 85, 87, 88
double file 26

douce 81, 103
doudoune 68
drague 104
draguer 104, 105
dragueur 64
drap 86
dreu 74
Ducon 67

E

eau 88, 94
éclater 30, 64, 68
écolo 47
ecta 74
embobiner 105
embouteillage 22
émêchée 33
émission 52
emmerder 83, 96, 99
emmerdes 86
emmerdeur 101
encanailler 68
enculer 96, 113
enculeur 113
énerver 93
enfant 87
enfer 84, 105
enfoiré 100
engin 108
engueulade 92
engueuler 92
entrée des artistes 110
envoyer 112, 115
ersatz 18
essuyer 57
estomac 37
éventail 78
explosé 65
exploser 69

expo 20
express 27, 40
expressions de cul 12
extra 20, 90

F

faim 37
faire avoir 87
faire mettre 112
famille 72
fana 47
fast 38
fauché 45
faux col 31
fayoter 57
fermer 95
fesse 16, 44, 110
fête 69
feu 26, 30, 57, 79, 81, 106, 115
feuilleton 52
feuj 72
ficher 80, 81, 94
fifille 47
figue 109
figure 34, 106
filer 106
film 75
fion 67
fiston 47
flagada 77
flanquer 58
flasher 70
flemmard 81
flemme 81
fleur 69
flic 26
flicaille 50
flip 75

Wortregister

flipper 17, 52, 73
flirt 17
flotte 32
foiré 87
forcing 56, 57
forme 79
fort 90
fortiche 89
fou 29, 47, 66
foufoune 68, 69
foune 68
fournir 69
foutre 81, 85, 94, 95, 106, 112
fracasser 75
fraîche 42
frangin 46
frangine 46
fric 42, 45, 56
frigo 20
frimer 99
frimeur 99
frousse 78
fumer 51
fumier 100
futé 89, 97

G

gaffe 87
galère 57, 83
gamme 73
garage 23, 115
garçon 102
garer 26, 66
gars 60
gauche 79
gaver 66
gaz 94
gazer 91
géant 64
gelé 100
gendarme 26
génial 91
gerber 66
gésier 69
geudra 64
giga 64, 82
gitan 72
glander 80
glauque 66
gnolgui 47
gober 74
goinfre 40
goinfrer 40
gond 94
gonflé 99
gonfler 96
gonzesse 63, 102
good 91
gosier 31
gosse 102
gouine 114
gourer 28
gourmand 40
gourmet 40
gratte-papier 53
grave 65, 66, 82
grec 38
greluche 103
gribouiller 53
grignoter 38
griller 26
gris 33
grognasse 63
gros 102
grosse 102
gueule 31, 33, 34, 66, 67, 72, 87, 92, 94, 95, 106
gueuleton 38
gugus 102
guignol 47, 58
gus 102

H

haine 66
hallucinant 64
hard 65
handicapé 67
hardos 65
hebdomadaire 53
herbe 51
heure de vol 115
hinterland 18
histoire 92
homme 49
hosto 79
H.S. 77
hyper 82, 90
hyperchouette 90
hypercool 90

I

ieufs 63
iev 63
impec 19
imperméable 68
imprimer 98
infos 52
infusion 40
intello 47

J

jambe 76, 77, 112
java 64
jeter 31, 58, 70, 105
joint 17, 51, 74

Wortregister

joko 74
jonc 96, 108
jouer 72
journaleux 53
joyeuse 109
juce 74
jules 49
julot 49
junkie 51
jute 112
juter 112

K

kamikaze 73
ken 69
keubla 72
keuf 26, 50
keum 46, 63, 70
kif 51, 64, 74
kifer 74
know-how 18
krach 18

L

lâcher 36
lapin 103, 105
larbin 57
lardu 50
largué 58
lèche-cul 57
lécher 113
lesbienne 114
lied 18
lolo 109
long 56
loub 19, 49
loubard 49
louche 65

loufer 36
louper 27
luné 92

M

mac 49
macaroni 48
macdo 38
Mafia 73
magouille 59
magouiller 59
main 114
mal 85, 86, 96, 107
mal tourné 87
maladie 79
malin 89
manche 33, 45
mandarine 109
manger 57, 70, 113
manif 20
manouche 72
manque 51
manquer 98
maquereau 49
marcher 56, 70, 85, 91
marmite 67
marrant 91
marre 85
masser 84
mater 30
matinée 78
matos 74
mauvais 75, 78
max 20
mec 46, 60, 63, 100, 102
meeting 18
méga 82
méga-mode 82
melon 48

mémé 47
merde 51, 82, 83, 86, 94
merdeux 47, 100
mère 67
météo 52
métèque 48
meuf 21, 46, 60, 63, 65, 68, 103
meule 25
miche 110
mickey 67
microbe 79
mif 47
mignon 89
minette 103, 109, 113
minou 109
mixage 17
mob 25
moche 99
môme 102
momie 67
monitoring 18
mort 33, 66, 67, 78, 91
morveux 102
moto 25
motte 109
mou 67
moufter 93
mouille 112
mouiller 111
moule 65, 109
mule 33
murge 34
must 17
must du must 17

N

nain 67
nainbus 107

cent vingt-trois | **123**

Wortregister

nana 46, 67, 102
nase 84
nationale 23
neige 51
néné 109
nénette 102
nerfs 95
nerveux 84
netflix 52
nettoyer 69
nez 81, 93
niais 97, 98, 99, 100
nibard 109
niche 109
nichon 109
nickel 91
niquer 67, 69, 112
nœud 108, 113
noich 72
noir 33, 72
noisette 109
noix 109
nord 34
note 44
nouille 69, 114
nounours 103
noyer 69
nul 58, 66, 82, 99
nullache 66
nunuche 97

O

obus 68
occase 25
OD 75
œil 87, 104
œillet 110
off-road 66

oignon 110
oinj 74
olive 109
orteil 78
oseille 42
ouest 75
out of Africa 75
ouverture 68
overdose 51

P

paf 33
page 113
panaché 32
panard 106
panier 109, 110
panse 40
papier-cul 19
papoter 62
papouilles 104
pâquerette 109
parigot 48
partie 112, 113
partnering 18
partouze 113
partouzer 113
pas mûre 62
passe 49
pastille 110
patin 111
patte 106
paumer 28
péage 22
peau 16, 44, 105
pêche 79
pédé 19, 114
pédéraste 114
péfra 73

pègre 50
pelle 33, 96, 111
peloter 111
pénard 81
pépé 47
pépins 86
pepon 74
péquenot 47
périmètre 65
perroquet 32
pervenche 26
peste 92
pester 92
pet 36
pétard 51, 74, 110
pétasse 100
pété 33
péter 36, 66, 100
petit alcool 40
petits frères 72
pétoche 78
pétos 74
pétrin 86
pichet 39
pied 26, 30, 78, 91, 95, 101, 104, 112, 113
pied-noir 48
pieds-plats 50
pieu 29, 78
pieuter 29, 78
pif 106
pige 74
pigeon 65
piger 90
pinard 31
pine 108
pioncer 78
pipi 35, 36
piquer 51, 78

Wortregister A-Z

pissenlit 80
pisser 35
pisseuse 103
pissoir 35
piste 64
piston 59
pistonné 59
plafond 112
plan 30, 64, 65, 73, 105
planer 75
planter 28
plaqué 106
plat 62, 77
plâtres 57
plein 23, 31, 33, 44, 85, 87
plouc 47
plus (tard) 61
poche 44
pognon 42, 56
poids lourd 25
poil 57, 92
pointe 73
poire 98
poireau 68, 69
poisse 87
poisson 35
pompe 74, 77
pomper 95, 113
pompette 33
pompier 113
pomplard 113
popaul 69, 108
popotin 110
porc 99
porte 58
pot 31, 39, 86, 87
pot de vin 59
pote 46, 89

pouce 38
poudre 51, 74
poulardin 50
poule 102
poulet 26, 50
poupe 91
poupée 103
pourri 100
pousse-café 40
PQ 19
précieuse 109
présentatrice 52
pression 31
prochaine 61
prof 20
prolo 47
promettre 91
prout 36
prune 27, 36
pub 20, 41
puce 103
puer 67
pupuce 103
pur 64
putain 15, 19
putain de merde 15
pute 19, 30, 49, 100

Q

quéquette 68, 70, 108
queue 108

R

racaille 49, 67, 72
raccourci 24
racine 80
raclée 93

rade 105
radin 45
raffler 73
raide 33, 75
râler 93
ramasser 34, 58, 70, 93
ramer 81
rapiat 45
raplaplat 77
ratatiner 73
raté 87
rateau 70
râtelier 57
rater 27
raton 48
realpolitik 18
régulier 49
relax 81
relou 21, 83
remonter 58
remps 63
renoi 72
repe 63
R.E.R. 27
resto 20, 37
retba 74
reubeu 72
reum 63
reup 63
reurti 73
riboule 64
rigolo 91
ringard 84
rital 48
robert 109
rocker 17, 50
rond 33, 34
rondelle 69, 110
ronds-de-jambes 57

cent vingt-cinq | **125**

A-Z Wortregister

roplopot 109
rotule 77
roubignolle 109
roucouler 104
rouge 31
roule 81
rouleau 77
rouler 60, 87, 91, 111
roulettes 91
roulure 49
roupette 109
roupiller 78
roupillon 78
rouspéter 93
ruine 75
ruiner 70

S

sacré 86
salade 62, 84
salaud 15, 100
sale 26
salé 44
salopard 100
salope 100
saloperie 79, 84, 115
salut 60, 61
sang 78
sans pitié 72
saquer 93
sauter 112
sauver 60
savon 58
savonnette 74
schleu 48
scooter 23
scotché 75
scoumoune 88
SDF 20, 50

sec 31, 45
self 38
sensas 19
sentir 93
shek 68
shit 51, 74
shoot 74
shooter 51
shooteuse 74
snack-bar 38
sniffer 51
somme 78
sonné 115
sortie 29
sortir 94
sou 42
soûl 33
soulager 35
soûler 33, 93
souteneur 49
speed 73
splif 74
squatte 66
station d'essence 23
stick 74
stickos 74
stombe 73
stop 24
stresser 57
streumon 67
strum 67
sucer 113
sucre 88, 103
sunsea 74
super 79, 82, 89, 90, 107
superchouette 90
superpied 91
supplément 27
surfer 53

sympa 19, 89

T

tablette 107
tache 66
tacos 75
tailler une pipe 113
talon 37
tante 114
tantouse 114
taper 45, 73, 95, 104, 112, 114
tapin 49
tapiner 49
tapineuse 49
taré 47, 97, 100
tarpé 74
tarte à poils 68
tassé 31
taulard 50
taule 50
taureau 111
tchao 61
tchatcher 62
tej 70
télé 20, 52
télécommande 52
T.E.R. 27
tête 65, 84, 85, 90
téton 109
teub 66, 68
teuche 68
teuf 64, 74
teuté 84
teuton 48
T.G.V. 27
thon 67
thune 42
ticket 105

Wortregister A-Z

tif 106
tip-top 64
tirave 69
tire 25
tirer 60, 69, 73, 86, 94
tireur 73
tisane 40
toile 53
tomate 32
tomber 105
top 65
torchon 53, 94
tordant 91
toubib 79
touffe 68, 69
tournée 31
tourner 56, 113
tout à l'heure 61
touze 69
toxico 20, 51
tracasser 88
trafic 73
train de marchandises 115
traîne-savates 49
traînée 49, 100
traîner 29, 72, 80
tranquillo 81
travailler 88
travello 114
tremper 69
trésor 104
tribu 72
tripoter 111
trois fois rien 44
tronche 66, 67, 73, 106
troquet 31
trottoir 49
trou 100, 110
trou de balle 110
trou du cul 24, 100, 110
troufignon 110
trouille 78
truc 66, 82, 88, 91, 99
truie 99
turc 111
turvoi 21, 73
type 46, 65, 102

V

vachement 82
valise 115
valseuse 109
vapeur 114
vasistas 18
veinard 81, 86
veine 86
vélo 25
vénéré 66
vent 91, 94
véritable 32
verlan 20, 63
verre 31
verte 62
veuve Poignet 113
vidé 77
vider 58
vieille 60, 102
viet 48
vieux 60, 115
village 72
virée 29
virer 58, 114
virus 79
voie rapide 23
voile 114
vol à l'arrache 73
vol à la tire 73
vouloir 92

vrai 31

W

wagon-lit 27
waldsterben 18

X / Y

X 74
yeux 44, 65, 115
youka 74

Z

zapper 52
zappeur 52
zapping 52
zarbi 21
zen 65
zesgon 63
zigoto 47
zinc 31
Z.I.P. 23
zizi 108
zob 108
zonard 49
zonc 74
zone 60, 61
zoner 29
zoo 67
zoublon 73
Z.U.P 23

Der Autor

Hermann Kayser, Jahrgang 1952, geboren in Bielefeld, hat in Stuttgart und Bielefeld Germanistik, Romanistik und Linguistik studiert. Nach zweijähriger Tätigkeit als Studienrat in den Fächern Deutsch und Französisch an einem Gymnasium im Lipperland siedelte er vor vielen Jahren nach Frankreich über und lehrte an der Universität Lyon II zuerst als Assistent und dann als DAAD-Lektor deutsche Sprache, Landeskunde und Geschichte.

Bei seiner Arbeit und aus eigener Anschauung wird ihm immer wieder deutlich, welche sprachlichen Probleme Sprachbenutzer einer Fremdsprache im Allgemeinen haben. Das gilt ganz besonders für die Umgangssprache der Fremdsprache, weil diese eine Sprach- und Kommunikationsebene darstellt, mit der man im Schulunterricht so gut wie nie in Berührung kommt.

Außerdem hat Hermann Kayser auch im Bereich der sprachwissenschaftlichen Forschung gearbeitet, insbesondere über „Sprachverstehen und -produktion", „Sprachliche Interaktion" und „Spracherwerb". Er veröffentlichte in diesem Zusammenhang verschiedene wissenschaftliche Arbeiten.

Heute ist Hermann Kayser Lehrer für Deutsch und Leiter der Deutschen Abteilung an der Internationalen Schule in Lyon.